La vie, entrée libre

DU MÊME AUTEUR

HERVÉ RENAUDIN

Juanito et l'étoile, Dessain et Tolra, 1974.
Lilian et le soleil, Dessain et Tolra, 1974.
Voici l'homme, Cahiers de l'École cathédrale, Mame, 1993.
L'homme et son chemin d'éternité, Colloque de Montlijeon, sous la direction de Hervé Renaudin, Éd. Saint-Paul, 1998.

JEAN-FRANÇOIS BOUTHORS

Carnets sibériens, avec Marc Garanger (photographies), Éd. du Griot/La Croix, 1993.
Délivrez-nous du mal. Le défi du tragique (essai), Desclée de Brouwer, 1995.
Jonas l'entêté, Desclée de Brouwer, coll. « Littérature ouverte », 1996.
Dernière rencontre, (roman), J.-C. Lattès, 2001.

Mgr Hervé Renaudin

La vie, entrée libre

Entretiens avec Jean-François Bouthors

Bayard

ISBN 2-227-47019-4

3, rue Bayard, 75008 Paris.

Avant-propos

La foule est parfois habitée d'un juste pressentiment. Celle du Val-d'Oise subodorait que l'ordination épiscopale du P. Hervé Renaudin serait plus qu'une célébration à la liturgie joliment peaufinée, mais une véritable rencontre, un de ces moments d'émotion et de grâce qu'aucune organisation ne saurait planifier. On fêtait ce dimanche 7 janvier, dans le hall Saint-Martin, à Pontoise, l'Épiphanie, la manifestation aux nations du don de Dieu.

Les nations étaient là justement, d'Afrique, d'Asie, d'Amérique, d'Europe. Toutes de France, qui habitent le diocèse, apportant pour ce jour le meilleur d'elles-mêmes. Sans oublier les amis de Paris, de Créteil, d'Issy-les-Moulineaux, ceux du théâtre et des randonnées à vélo, et d'autres plus secrets que le P. Renaudin amenait avec lui, au fond de lui. Surtout ceux, absents physiquement, qu'il sut rendre présents : les détenus de la prison de la Santé dont il était aumônier depuis 1997. En quelques mots, ils étaient là et leur présence soudain élargissait l'espace de la célébration sur le point de s'achever. Ils étaient non seulement les bienvenus, mais encore des frères sans lesquels la fête n'aurait pas été complète.

Il y avait aussi, sans qu'ils soient nommés, tous ceux qu'Hervé Renaudin a rencontrés dans ses lectures et méditations matinales : les poètes, les romanciers, les peintres, et autres artistes, pas nécessairement chrétiens, mais dont la quête de l'homme participe au vaste mouvement de la Création, toujours à l'œuvre. Bien plus que les mots, il y eut enfin le sourire du nouvel ordonné. Plus que le sourire, la joie que nul ne peut ravir.

Ce sont les secrets de cette joie, ses sources et ses cheminements, que ces entretiens se proposent de faire découvrir. Lorsque Hervé Renaudin entendit la proposition qui lui était faite de se livrer ainsi au jeu de la conversation, il l'a non seulement accueillie sans réticence aucune, mais il y a vu une occasion d'aller à la rencontre d'abord des habitants de son diocèse, ensuite de tous ceux qui prendraient le temps de la lecture de ce livre.

Ses yeux clairs et son sourire ne mentaient pas : ces entretiens – qu'il en soit ici remercié – furent un bonheur que l'on espère partager avec le lecteur. Pas de dérobade devant des questions qui ne se voulaient pas complaisantes mais, à l'inverse, une conviction forte que la parole échangée dans la confiance est le lieu privilégié pour entendre cette autre parole, cette parole intérieure qui nous précède et nous guide, cette parole qui est le meilleur de nous-mêmes. Dès lors, on ne s'étonnera pas d'une liberté de ton, parfois même de vocabulaire, que l'on n'imagine pas forcément chez un évêque et que l'on aimerait plus souvent rencontrer dans l'Église.

C'est simplement qu'Hervé Renaudin se garde bien de se prendre trop au sérieux, tout en mesurant la responsabilité qui lui est confiée en tant qu'évêque. Peu de choses au fond sont plus nécessaires à ses yeux que de savoir garder l'esprit d'enfance. « Devenir un homme, aime-t-il à dire, c'est devenir enfant, enfin. »

Ce mélange de gravité et d'insouciance, on le retrouve lorsqu'on lui demande quand il est né. « En 1941, en même temps que la Mission de France, la collection "Source chrétienne" et... le capitaine Haddock dans *Le crabe aux pinces d'or* ! » Il est le cinquième enfant d'une famille de six. Un garçon, deux filles, puis trois garçons, tous nés entre 1928 et 1944. Une famille parisienne bourgeoise : le petit Hervé sera baptisé à Saint-Philippe-du-Roule, dont il sera l'éphémère curé, quatre mois durant en l'an 2000, juste avant d'être nommé évêque de Pontoise. Son père est industriel, mais ses affaires tournent mal : il faut fermer l'entreprise familiale, une usine textile de l'Hérault privée des commandes de l'État, dans les années soixante. Les valeurs qui dominent dans cette famille bourgeoise et catholique sont le travail, la rigueur, l'honnêteté et enfin la pudeur, car on ne parle pas ou peu de ce qui fait souci, en particulier des difficultés d'argent.

Il est vrai que cette famille unie sait qu'il existe des épreuves bien plus terribles. Thierry, le second fils, le quatrième enfant, est mort en 1940, il n'avait pas un an. Cette présence absente a fortement marqué le jeune Hervé sans même qu'il ait connu ce frère dont il porte la médaille de baptême. Sans doute, sa manière à lui de le rendre présent, ou plutôt de reconnaître sa présence mystérieuse et vivante, se traduisit-elle à la fois par un goût certain pour le silence, la solitude, mais aussi par un sens aigu de la vie, un appétit puissant de ce qui pouvait manifester la profondeur et la joie de vivre. D'où, on le verra, son amour des poètes, qui manifestent l'indicible, et du théâtre, où l'on donne vie à des personnages. C'est là également que naît une aversion radicale pour la peine de mort. L'idée de lutter contre ce qu'il ressent comme une abomination le conduit à entrer à la fac de droit.

C'est l'époque de la guerre d'Algérie. Dans la famille où l'on parle volontiers politique, on approuve les choix du général de Gaulle, tandis qu'à la fac l'ambiance est nettement Algérie française. Hervé Renaudin ne craint cependant pas de s'investir dans le

Centre Saint-Yves qui réunit les étudiants catholiques du Panthéon. Il en deviendra même le président. Au terme d'études brillantes – il sera lauréat du Concours général de droit –, alors qu'après sa maîtrise toutes les portes lui sont ouvertes, y compris celle de l'enseignement, il décide à vingt-trois ans d'entrer au séminaire, à Issy-les-Moulineaux.

À la fin du premier cycle, il part en Israël comme coopérant au titre du service national. Il enseigne deux ans chez les frères des Écoles chrétiennes à Jaffa et connaît la guerre des Six Jours. Il revient à la fin de l'été 1968 et est ordonné trois ans plus tard.

Il a trente ans, le voilà vicaire à Saint-Pierre-de-Chaillot. Là, il a l'occasion d'exercer d'indéniables talents d'éducateur, car on lui confie la responsabilité de la « Nicolaïte », le patronage de la paroisse.

En 1977, il emmène un camp de la « Nico » en Iran. Sur le chemin du retour, à la frontière irano-turque, il est arrêté avec l'un des jeunes du groupe et jeté en prison. Il y restera trois semaines avant d'en être sorti par un juge iranien courageux et scrupuleux. Cette expérience, qui le marquera profondément, l'incitera vingt ans plus tard à se proposer comme aumônier à la prison de la Santé. Il participera à l'équipe nationale des prisons, comme théologien.

Entre-temps, Hervé Renaudin aura été aumônier de lycée entre 1980 et 1983, notamment à Janson-de-Sailly, vicaire à Notre-Dame de Créteil de 1983 à 1988, aumônier d'étudiants et aumônier national des Scouts unitaires de France, ainsi que professeur au séminaire d'Issy-les-Moulineaux et à l'École cathédrale de Paris, de 1988 à 2000. Il aura aussi trouvé l'énergie de mener à bien un doctorat en théologie, d'intervenir dans le cadre de « Chrétiens-Sida », et, *last but not least*, de participer pendant vingt-cinq ans, jusqu'à l'année dernière, à une troupe de théâtre amateur. Parce que, jamais, Hervé Renaudin ne rate une occasion de « respirer non seulement plus profond mais plus large ». Parce que la vie et le don de Dieu – c'est tout un – sont trop grands pour en étouffer les jaillissements.

Jean-François BOUTHORS

1

Mes convictions sont nées à l'aube

— *Être évêque, ce n'était pas un rêve d'enfance ?*

— Non, pas vraiment...

— *Mais vous aviez cependant pensé à être prêtre.*

— Oui, à l'âge de douze ans. Souvent les garçons se posent cette question, à cet âge-là.

— *Mais comment est-elle venue pour vous ? Y a-t-il eu un événement particulier ?*

— Je ne crois pas. Je suis d'une famille croyante, très unie. On priait ensemble, on se parlait. J'allais à l'école dans un cours privé qui n'existe plus aujourd'hui, le Cours Saint-Louis.

— *Une école catholique ?*

— Oui, tenue par des laïcs. Il y avait une bonne ambiance. J'y ai suivi toute ma scolarité, de la douzième – comme on disait à l'époque – jusqu'au baccalauréat. Sans doute les prêtres que j'y ai rencontrés m'ont-ils marqué. Je trouvais belle leur vie. Et puis j'ai été frappé par la vie d'un certain nombre de saints qui étaient en rapport avec les jeunes : Dominique Savio, Don Bosco... Ces prêtres avaient un vrai goût de vivre et ils le communiquaient.

J'aimais bien aller à la messe, y compris en semaine. Nous étions libres d'y participer ou non ; j'appréciais ce temps de recueillement. Je ne m'y sentais pas enfermé, mais ouvert à la vie.

En fait, j'avais beaucoup d'envies. Quand je suis arrivé au bac, j'ai pensé que j'aimerais bien faire des études. Une des choses qui m'attirait, c'était de devenir avocat. Pour défendre des gens qui risquaient d'être condamnés à mort. Parce que la peine de mort m'a toujours révulsé. Refuser la peine de mort est sans doute un de mes premiers actes « idéologiques » conscients. Alors j'ai fait du droit, à Paris, au Panthéon. Quatre ans, jusqu'à la maîtrise.

Je me suis beaucoup investi dans le Centre Saint-Yves, le centre catholique des étudiants en droit, qui était animé par les dominicains et que j'ai présidé pendant ma dernière année de fac, à l'époque de la guerre d'Algérie. Je me souviens que je défendais la politique du général de Gaulle, alors qu'en fac le milieu ambiant était plutôt OAS.

— Et vous pensiez toujours à la vocation sacerdotale ?

— Les études marchaient bien, cela m'intéressait de plus en plus et je pensais continuer dans cette voie-là. Je me voyais même me mettre à la politique un jour.

— Une passion familiale ?

— Mon père était industriel. Mais si je regarde du côté de mes oncles et tantes, je trouve certains au Conseil d'État, dans les ambassades, dans la fonction publique... des gens très passionnés. Paul Renaudin, un de mes oncles, avait fondé le Sillon avec Marc Sangnier... On discutait beaucoup de politique dans la famille.

— Donc la prêtrise, vous l'aviez un peu perdue de vue pendant vos études.

— J'aimais beaucoup la vie étudiante. Plutôt les débats que les sorties, à l'exception du cinéma. En même temps, j'ai toujours eu besoin de solitude. Je travaillais beaucoup et lisais encore plus. Après un succès à un concours, un professeur m'a appelé au téléphone pour me proposer de devenir son assistant. C'était une belle opportunité. Mais à mon grand étonnement, je me suis entendu lui répondre : « Je suis très honoré de cette demande. Mais c'est impossible, l'année prochaine j'entre au séminaire. » Et j'ai raccroché en me disant : « Ah bon ! j'ai décidé d'entrer au séminaire. » Autrement dit, l'idée ne m'avait pas quitté.

— *Vous ne l'aviez jamais remise en cause ?*

— Non, je dois dire que je n'ai jamais vécu de grande crise spirituelle. Cela n'a sans doute pas toujours été facile, mais je ne me souviens pas d'une seconde où j'aie douté de la présence de Dieu. J'allais toujours à la messe le dimanche. Simplement, je n'avais pas réalisé à quel point j'étais engagé.

Quand j'en ai pris conscience, ce qui m'a plu, c'est précisément le fait que j'aimais cette vie étudiante : j'avais des amis et je me voyais bien poursuivre dans cette direction, dans cet élan. Et soudain, surgissait un pressentiment qui me disait que tout cela était très beau et très plaisant, mais ne pouvait tout à fait me combler. Tout d'un coup, un excès, un surplus m'était offert, qui passait par le fait d'entrer au séminaire. Et c'est sans état d'âme que j'ai entrepris les démarches qui m'ont conduit, après les vacances, à Issy-les-Moulineaux. C'était en septembre 1964.

— *Et c'était comment le séminaire ?*

— Oh, il y avait des choses étonnantes, comme de devoir éteindre à 10 heures du soir. Je me souviens d'être allé voir le supérieur pour lui dire qu'après avoir été étudiant pendant quatre ans je n'avais guère envie de me coucher avec les poules. Il m'a répondu : « Fais comme tout le monde, prends ta lampe de poche ! » Il faisait froid, on n'avait pas d'eau chaude, les places pour l'oraison le matin étaient déterminées, pour ne pas s'habituer à ses voisins. Je trouvais déjà difficile de faire oraison, mais, en plus, rangés comme des sardines... Heureusement, j'avais la possibilité de sortir un peu, parce que j'allais chercher les journaux qu'on affichait dans le séminaire. Ça, c'était avant que je parte faire mon service national en coopération.

Quand je suis revenu, le vent de Mai 68 était passé par là, et j'ai retrouvé un séminaire fort différent. Il y avait des délégués – j'ai été l'un d'entre eux – qui participaient aux réunions avec les pères du Conseil du séminaire. On avait notre mot à dire sur pas mal de choses... On parlait beaucoup des problèmes sociaux. Et surtout on a mieux pris conscience des histoires et des cultures propres à chacun. On s'est mieux rendu compte, par exemple, des difficultés qu'il y avait d'intégrer ceux qui venaient du monde populaire.

J'ai voulu rester à Issy-les-Moulineaux, pour l'insertion pastorale, pour la variété des diocèses représentés. Les mercredis, j'allais à Ivry. Moi, le Parisien, je découvrais la banlieue, ce que cela représentait d'être chrétien dans un environnement autre... J'ai rencontré des prêtres très marqués par la spiritualité de Madeleine Delbrêl ou du P. de Foucauld.

Un été, j'ai fait un stage de travail dans un hôpital de Paris, comme garçon de salle. C'est tout un monde, un hôpital, on n'imagine pas... Je me souviens d'un jour où je nettoyais les carrelages dans une grande salle. Des gens ne cessaient pas d'entrer pour chercher quelqu'un et, comme ce n'était pas moi, ils repartaient en disant ce qu'on dit souvent dans ce cas-là : « Il n'y a personne ? » Au bout d'une dizaine de fois, alors que j'étais là, cela a fini par m'agacer. J'ai dit à celui qui venait de pousser la porte d'attendre un instant. Je suis allé chercher mon seau et je l'ai vidé sur son pantalon. L'autre m'a dit : « Mais vous êtes fou ! » Je lui ai répondu : « Non, vous direz que ce n'était personne, puisqu'il n'y avait personne. » Avec beaucoup d'élégance, ce professeur m'a dit alors : « Bon, c'est un peu humide comme leçon, mais vous avez raison ! » Et, à mon grand étonnement, je n'ai pas été renvoyé.

Après coup, cela m'a fait réfléchir sur ces mots que l'on prononce ou ces gestes que l'on fait presque machinalement, qui semblent insignifiants mais en disent beaucoup plus long qu'on ne croit. Et depuis, j'essaie de ne pas sous-estimer ces rencontres au quotidien, ni l'importance de chacun dans ces petites occasions. Je ne voudrais pas perdre cette capacité d'indignation quand la personne est mise en cause, même d'une façon banale. Ce n'est jamais banal, une personne.

— *Là, vous évoquez la chronologie qui vous a conduit jusqu'à votre ordination en 1971...*

— À Notre-Dame-de-Paris, par le cardinal Marty. Et ce jour-là, nous n'avons pas pu sortir sur le parvis de la cathédrale, parce qu'un équilibriste s'était installé sur un câble, entre les deux tours. « Un déséquilibré », disait le cardinal. L'équilibriste déséquilibré, ça m'a bien fait rire.

— *...mais cela ne me dit guère comment sont nées vos convictions, à quel moment ?*

— À l'aube, elles sont nées à l'aube. Très tôt le matin. Dès l'adolescence, cela a toujours été un moment décisif pour moi. Enfant, je me demandais à quel moment commençait exactement le jour, à quel moment tombait la nuit. Pendant des jours et des jours, je me suis mis dehors à un certain endroit, avec ma montre, pour voir à quelle heure précisément commençait la nuit. Et je ne l'ai jamais vue. C'était un moment insaisissable. Ce qui commence est invisible. Et cela m'encourage : dans une situation inextricable, je me dis qu'il y a sans doute quelque chose en train de commencer. Je crois à la force des commencements. Avez-vous remarqué ce que dit la Bible : « Il y eut un soir, il y eut un matin » ? Je suis persuadé que le jour commence la nuit... le jour est tissé dans la nuit. La nuit, il est écrit dedans qu'elle unit : il suffit d'inverser deux lettres.

Oui, la nuit unit les jours. Et c'est dans la nuit que s'unissent ceux qui s'aiment.

— *Le passage de la nuit au jour, c'est l'aube.*

— J'aime bien ce mot d'aube, *alba*, en latin, « blanc ». C'est la page blanche... L'aube du baptême aussi, le moment où tout peut commencer. J'ai pris l'habitude de me lever très tôt le matin, vers 4 heures. Je commence par un temps de prière, c'est-à-dire un temps d'écoute et de dialogue, à partir de la Parole de Dieu, puis ensuite un moment de lecture, de correspondance. Tout cela envisagé comme une conversation. Écoute d'abord, puis discussion. Dans les livres, je souligne en bleu, en rouge et en jaune. J'écris dans les marges, parfois je copie des phrases dans un cahier ou un carnet, je rumine l'une ou l'autre expression qui me parle, je la mâche, je l'assimile. Entretien quotidien avec des interlocuteurs invisibles, dialogue silencieux qui ne laisse pas plus de traces à la même heure que les mouettes sur le sable...

— *Mais vous ne faisiez tout de même pas cela dès votre enfance ?*

— Cela a commencé tôt. Lorsque j'étais enfant, j'aimais les promenades, la solitude et la lecture. Je ne m'ennuyais jamais. Mes convictions sont nées dans ces moments-là et la littérature m'a beaucoup aidé à réfléchir. D'abord *Le Petit Prince*. Pour moi, ce n'est pas simplement un livre, mais un personnage que j'ai rencontré. Les livres donnent à réfléchir, à converser. Quand on les retrouve plusieurs années après, on s'aperçoit que ce qui avait commencé a continué son chemin en silence. Je n'ai pas eu, je pense, de lectures inemployées. Mais cela se fait très lentement. Je peux parfois passer beaucoup de temps sur quelques pages.

Même Tintin a été utile. Je me souviens de la remarque d'un enfant, interrogé par un journaliste à la sortie d'un cinéma des Champs-Élysées où l'on venait de projeter le premier film de Tintin. Il semblait déçu. Le journaliste insistait pour savoir ce qui n'allait pas et finalement le gamin a répondu : « Eh bien ! Tintin, il n'avait pas la même voix que dans le livre. » J'ai trouvé cela extraordinaire. En quelques mots, cet enfant dessinait la place de l'imaginaire dans la lecture, il faisait comprendre comment le lecteur est au fond l'un des personnages du livre.

Alors parmi mes lectures, je me rappelle *Le désert des Tartares*, mais aussi *Le comte de Monte-Cristo*. Et Mauriac et Chateaubriand, les *Mémoires d'outre-tombe* que je relisais comme on met un disque, pour en réécouter la musique. Et les poètes, tous les poètes, aucun n'est de trop. Avec les poètes, l'avantage, c'est qu'il suffit parfois d'un seul mot pour inventer un monde.

— *Mais 4 heures du matin, tout de même... Vous n'avez pas commencé à l'âge de lire Tintin ?*

— C'est de 7 à 77 ans, comme vous savez ! Je crois que j'avais dix-sept ans quand j'ai calculé combien de temps j'allais passer dans ma vie à chacune des activités vitales : manger, dormir, etc. Et je me suis rendu compte que j'allais dormir beaucoup. Alors j'ai essayé de déterminer de combien de temps de sommeil j'avais réellement besoin, sans me détruire la santé. Je me suis rendu compte qu'en me couchant tous les jours à la même heure, vers 23 heures, je pouvais me lever à 4 heures, ce qui m'offrait en quelque sorte une vie clandestine, buissonnière. J'ai devant moi quatre heures limpides, belles, paisibles et simples.

— *Les livres donc...*

— Mais aussi les rencontres. Toutes les rencontres. Les « petites rencontres », comme dit François de Sales. J'aime les rencontres aléatoires et je m'y rends volontiers disponible, en arrivant à l'avance à la gare, par exemple. Je hume l'ambiance, j'observe les gens. Parfois même, j'accueille les phrases que forment les bribes de mots que j'entends en passant. Il arrive que cela donne des choses assez drôles.

Il faut savoir cueillir la « grâce de l'instant présent » : la « gip », comme je l'appelle, vous fait bien voyager. C'est elle qui me fait tout d'un coup ressentir quelque chose dans le regard de la personne qui me demande l'heure. Je me dis : « Tiens, celui-là, je risque de ne plus le rencontrer avant l'éternité, alors autant s'apprivoiser un peu, puisqu'on sera compagnon d'éternité. » Dans la rue, dans le métro, je me raconte des histoires à partir des personnes que je croise : « Lui doit être cuisinier, et cet autre aimer raconter des blagues, en voilà un dont la compagnie doit être moins drôle... Ah ! le cuisinier est descendu... » Plus sérieusement, cela peut aussi me donner envie de prier pour eux. Ces compagnons de route d'un instant, même si on ne se parle pas, ne sont jamais indifférents pour moi. Souvent ils m'amusent, parfois ils m'émeuvent.

Lorsque je faisais des camps avec des jeunes de Créteil, je leur demandais de noter une petite rencontre du jour, des choses toutes simples : un commerçant, quelqu'un qui a demandé du feu, une lumière... et le soir, à la veillée, on inventait des histoires à partir de là. Cela donnait toute une résonance à un moment fugitif. Le problème n'était pas de savoir si l'histoire était vraie ou non, mais d'entendre l'écho qu'elle avait eu en nous.

— *Vous accordez une grande place à l'imaginaire. Quel rapport entretient-il avec la foi ?*

— C'est l'écho. L'imaginaire ne se confond pas avec la rêverie. Jean Guitton disait que les deux moments qu'il préférait, au concert, c'était le silence qui précède la première note, alors qu'on a fait le noir, et celui qui suit la dernière, juste avant les applaudissements. Il ajoutait que le mot qui lui venait à l'esprit, à ce sujet, c'était le mot Dieu. Voilà le rapport de l'imaginaire avec la foi. Cette espèce de silence d'explication ou de discours, qui précède et qui suit, qui prépare et qui prolonge, qui relie à un invisible, à une parole silencieuse, à une profondeur de champ.

L'imaginaire relie le visible et l'invisible, le passé et le futur. Il nous permet de goûter toute la saveur du présent, de nous apprivoiser aussi et de cesser d'avoir peur. Si on casse l'imaginaire, on ruine en l'être humain toute une puissance de respiration, d'au-delà, inscrite à l'intérieur de lui. On le réduit aux apparences, à ce qu'on dit de lui, à ses fonctions. Sa taille, son poids, son métier... Un homme, ce n'est pas que cela. En tout être humain, il y a une part d'énigme, une part de profondeur et de communion.

— *Mais d'où vous vient cette sensibilité ?*

— Je pense l'avoir reçue d'un certain nombre de gens, y compris des vieux qui étaient habités par un véritable esprit d'enfance. Mes grands-parents, mes parents, des personnes rencontrées à différents moments qui m'ont donné un goût de la vie, de son mystère, de sa riche complexité... La vie, ce n'est pas simplement un enfant qui grandit pour devenir un adulte puis un vieillard. J'ai toujours pensé, sans doute grâce à mes lectures, mais aussi à travers des visages, que cette dimension du temps n'était pas la seule, qu'il y en avait une autre plus mystérieuse, plus aventureuse ; celle qui conduit chacun de nous à devenir vraiment enfant. Enfant enfin, comme j'aime le dire. Enfant, par rapport au Père, par rapport à Dieu. C'est entrer dans une autre dimension. Pas simplement celle de la vie qu'on a eue derrière soi, mais celle qu'on porte en soi comme une source vive. Thérèse de l'Enfant-Jésus et de la Sainte-Face exprime cela très bien. Elle qui a su quitter les enfantillages pour gagner à pleines voiles l'entrée dans la vraie Vie.

— *Vous en parlez comme si cela avait coulé de source, sans choc, sans rupture...*

— Je ne peux pas inventer des crises que je n'ai pas traversées. Je n'ai jamais douté de la vie comme don de Dieu. Je sais que pour beaucoup de gens c'est plus difficile. Pourtant, j'ai connu des personnes qui vivaient des situations extrêmes et j'ai cru percevoir chez elles des choses qui coulaient de source, alors que selon toutes les apparences, c'était désertique, obstrué. Eh bien, même là, il y avait autre chose...

Je pense à un adolescent qui s'appelait Pierre. À seize ans, il souffrait d'un cancer. Il avait été opéré, amputé, et il a vécu un an en sachant qu'il allait mourir, qu'il ne verrait pas ses dix-sept ans. J'allais lui rendre visite en me demandant ce que je pourrais bien lui dire pour l'encourager. Mais en vérité, je n'avais rien à lui dire, c'est lui qui m'encourageait. Pierre a été un de ces témoins.

— *Mais ne faut-il pas une faille quelque part, pour que la source s'écoule ? Où est la faille chez vous ?*

— Je pense qu'elle est dans chacune de nos histoires. Nous avons tous un désir d'infini, or nous ne sommes pas parfaits. Moi non plus. C'est par exemple une vraie tristesse pour moi de n'avoir pas été capable de parler une autre langue que ma langue maternelle. De même suis-je incapable de me servir d'un ordinateur. Mais je me rends compte que toutes les limites qui sont les miennes me sont finalement utiles. Elles m'aident à me ressourcer en m'invitant à me tourner vers les autres, à recevoir d'eux. Si j'avais été capable de tout faire par moi-même, j'aurais été quelqu'un de suffisant. J'ai besoin des autres, y compris dans le quotidien de ma vie.

Nos imperfections jouent le rôle de sources et, surtout, elles permettent à l'autre de connaître la joie même de Dieu, qui est celle de donner. Je n'ai pas besoin de me forcer pour que l'autre puisse me donner. Cela me fait penser à la Samaritaine. Ce dialogue étonnant, au bord du puits, commence parce que Jésus, ce jour-là, lui a demandé la seule chose qu'elle pouvait offrir : « Donne-moi à boire. » Lui qui est la source d'eau vive ! Il vaut mieux être affamé et assoiffé – c'est une Béatitude – pour dire à l'autre : « Donne-moi à boire », plutôt que de penser qu'on a tout ce qu'il faut chez soi et qu'on n'a besoin de personne. Ce serait très triste de n'avoir besoin de rien ni de personne, de tout posséder...

— *Mais il y a tout de même dans votre vie un peu plus que ces seules imperfections « ordinaires ». Il y a ce frère, Thierry, mort avant votre naissance et dont la médaille de baptême est devenue la vôtre. Ce n'est pas rien, une vie ainsi ouverte sur une perte.*

— Mais c'est aussi l'inverse : une perte ouverte sur la vie. Thierry est mort en 1940, il n'avait pas un an. Moi, je suis né en 1941, je ne l'ai jamais vu de mes yeux de chair, je ne l'ai jamais serré dans mes bras. Je ne sais pas ce qu'il serait devenu. Mais réellement, il est un trait d'union entre le Seigneur, ceux qui sont de « l'autre côté », et moi. Un trait d'union vivant et non un souvenir. D'ailleurs je n'ai aucun souvenir de lui. Il m'a précédé, pas simplement dans le temps, mais dans cette communion qui donne sens, direction et densité, à chaque instant du présent. Je peux dire que Thierry, en étant ainsi relié à celui qui ne cesse d'être présent – « Je suis », c'est le nom que Dieu révèle à Moïse –, me relie lui-même au présent.

— *Quelle place tenait-il dans votre famille ?*

— Pour mes parents, pour mes frères et sœurs, c'était indicible, vous vous en doutez. Aucun enfant ne pouvait le remplacer, je l'ai senti très vite. Et je ne le remplaçais pas, même et surtout en portant sa médaille de baptême. C'était une perte unique, dont la plaie demeure béante. Et cette présence sous forme d'absence m'a fait réfléchir très jeune à la mort, et à cette vie mystérieuse que la vie n'arrête pas.

Jamais son nom n'a été occulté. Je ne suis pas le quatrième de cinq enfants vivants, mais le cinquième des six enfants de mes parents. D'une certaine manière, Thierry est le plus vivant d'entre nous. Entre Bertrand, Marielle et Martine, d'abord, et Hervé et Pascal, ensuite, pour toujours, il y a Thierry.

Je crois que, pour Maman, ce qui a été presque insupportable, c'était la gêne de l'entourage. Pendant un temps, on ne les invitait plus, en tout cas pas avec des familles qui avaient un bébé. Il y avait un silence autour de cette mort, mais Maman, elle, ne voulait pas qu'on fasse comme si Thierry n'était ni né ni mort. Parce que le pire de tout, c'était le néant.

Pour moi, il a été important de venir après lui. 1941, c'est en France l'année où il y a eu le moins de naissances. Il faisait froid, ma mère a connu une grossesse très difficile, devant rester allongée pendant des mois. J'ai toujours pensé que j'avais été vraiment voulu, désiré. Ce n'est pas rien d'être attendu comme cela !

— *Comment avez-vous compris qu'il était le plus vivant d'entre vous ?*

— Cela peut paraître prétentieux, mais j'ai eu très tôt conscience de la vie éternelle. De la vie pleine, belle, débordante, déjà présente. C'est aussi ce qui m'a plu chez Rimbaud : « La vraie vie est ailleurs », pas simplement dans ce que l'on voit.

— *Vous disiez à l'instant que vous aviez pensé à la mort très jeune. À cause de ce frère absent, que vous n'aviez pas connu...*

— Il me revient que j'étais un enfant asthmatique. J'étais saisi de terribles crises. J'en parle rarement parce que fort heureusement cela a complètement disparu. C'étaient des épreuves horribles, avec l'impression que, tout d'un coup, le souffle allait me manquer. Dans ces moments-là, lorsqu'on ne peut plus respirer, on pense qu'on va cesser de vivre, que tout échappe et qu'on ne peut rien retenir. On est assailli par un très puissant sentiment de la mort qui nous anéantit. J'y ai donc pensé très tôt. Presque quotidiennement, à une certaine période.

J'ai toujours su que nous étions mortels. Oh ! ce n'était pas du tout morbide comme réflexion, parce que j'avais un tempérament plutôt heureux. C'était vraiment une épreuve, mais j'avais la conviction que le souffle de la vie n'était pas seulement celui qui me manquait de temps en temps. Avant même de connaître ce qui est écrit au début du livre de la Genèse, j'avais l'intuition qu'il existait une haleine de Dieu, qui n'était pas simplement le souffle biologique. En comprenant que Dieu était le souffle, la vie, je découvrais que, si parfois je manquais de souffle, Dieu, lui, ne me faisait pas défaut. Au fond, j'ai fait cette expérience de la présence de Dieu, au cœur même du souffle manquant.

Pour un enfant, c'est terriblement angoissant une crise d'asthme, mais, même au plus profond de cette angoisse, je n'ai jamais douté du souffle de Dieu. Au contraire, c'est cela qui m'a tenu en relation avec lui.

— *Alors que votre frère Thierry était mort...*

— Oui, nous étions d'autant plus frères. Frères de Vie, avec un grand V, plus que frères du temps. Je ne l'ai connu, je ne le connais que comme ce frère éternel de Jésus.

— *N'est-ce pas une vision idéalisée ?*

— Je ne crois pas. Ce que cette mort a représenté pour mes parents, pour mes aînés, m'a fait prendre la mesure du poids d'humanité et d'amour d'un enfant. En mars dernier, j'ai eu l'occasion d'y repenser fortement. J'ai célébré l'enterrement d'un enfant de Saint-Leu-la-Forêt qui a été assassiné chez lui d'une cinquantaine de coups de couteau. Il y avait peu de temps que j'étais arrivé dans le diocèse de Pontoise. Un enfant assassiné, nous étions tous touchés au cœur :

il m'a semblé impensable de ne pas être là, si ma présence n'était pas gênante pour la famille. Je voulais m'unir à leur chagrin, à leur prière et à celle de leur entourage. J'y ai repensé : le poids d'un enfant... Cela ne pèse pas lourd, un enfant. Presque rien. Et en même temps, quelle place, quelle gravité – au sens étymologique du terme – ! J'ai toujours été sensible au regard de l'enfant, un regard qui peut être enjoué, fantaisiste, mais qui, au fond, quand on le surprend, est un regard grave.

L'enfant, au sens premier, *infans*, c'est celui qui n'a pas la parole, qui est muet, qui ne s'exprime que par sa présence, par son regard. Quand on pense que le Verbe, la Parole, s'est ainsi fait silence... La gravité de l'enfant, c'est ce poids de silence. Quand meurt un bébé, comme l'était Thierry, ce silence nous paraît définitif, puisqu'il n'apprendra pas à parler avec nos mots humains. Oh ! non, ce n'est pas léger. Ce n'est pas une vision idéalisée.

Mais je n'ai jamais pensé que le fait d'être mortel nous définissait. Une de mes premières indignations d'enfant fut de refuser de recevoir les Cendres. Lorsque le prêtre avait voulu me marquer le front en disant : « Poussière, tu dois retourner à la poussière », j'avais presque crié que je n'étais pas une poussière.

— *Une insurrection ?*

— Oui. Je n'ai jamais douté de la grandeur de l'homme, aussi y avait-il dans cette phrase quelque chose d'inacceptable, que je rejetais presque instinctivement.

— *Voilà qui résonne fortement avec votre radicale hostilité d'enfant contre la peine de mort. J'imagine qu'elle était d'autant plus viscérale que vous étiez marqué par la mort de Thierry.*

— Oui, et je n'ai jamais pensé que Dieu était celui qui punissait de mort. Enfant, j'étais capable de discuter avec des adultes qui approuvaient la peine de mort, même s'ils avaient beaucoup plus d'arguments et de facilité de parole que moi : cela me semblait remettre en doute une dimension essentielle de l'homme. Je voyais la société se prononcer sur quelque chose qu'elle ne connaissait pas et qui ne lui appartenait pas. La foi nous invite à épouser le mouvement de l'homme jusqu'au bout. Si quelqu'un a osé défendre l'homme jusqu'à l'indéfendable, c'est bien Dieu, et lui seul, en Jésus Christ.

– *Quand avez-vous été délivré de l'asthme ?*

— Vers l'âge de douze ans.

— *C'est-à-dire lorsque vous avez pensé à être prêtre.*

— Je n'avais jamais fait le rapprochement. C'est sans doute également lié à la puberté. Mais cela signifie peut-être aussi que l'angoisse de perdre son souffle est considérablement atténuée quand on trouve le sens de sa vie, quand on répond à une vocation. La véritable angoisse, c'est de ne répondre à rien. Une vie que personne n'appelle est absurde.

2

Je ne suis pas un gardien de musée

— *Le 30 novembre 2000, le pape Jean-Paul II vous nommait évêque de Pontoise. Vous y attendiez-vous ?*

— Bien sûr que non. Sur le coup, je suis resté sans voix. Le point de départ, c'est la rencontre de Jésus Christ. Rien ne dépassera jamais cette conviction qu'il est vivant et marche à mes côtés. Alors où allons-nous ? En tout état de cause, depuis le matin de Pâques, vers la pleine lumière. Nous vivons un enfantement à la vie nouvelle.

Quand tout se passe bien, lors d'une naissance, la tête sort la première. À Pâques, la tête est sortie : Jésus, Christ et Seigneur. Depuis lors, et jusqu'à la fin des temps, il y va de son corps, c'est-à-dire de nous tous. L'évêque, successeur des apôtres, rappelle cet enjeu fondamental. Il est engagé pour que tout le corps apparaisse et se manifeste comme le corps du Christ glorieux. Nous partons aux combats de la vie dans la force de Sa victoire.

Teilhard de Chardin a eu un jour un propos lumineux : « Une seule chose se fait, au fond, dans la Création, depuis le commencement jusqu'à la fin : le corps du Christ. » Autrement dit, dans chacune de nos vies, et à chaque instant de notre existence, se joue non seulement notre avenir personnel, mais celui de toute la communauté humaine. Nous ne pouvons pas reconnaître le Christ comme le Fils et l'Envoyé du Père si nous ne nous reconnaissons pas, avec les autres, frères et sœurs pour l'éternité, des frères et sœurs de Jésus ressuscité.

— *Vous me faites une réponse de théologien...*

— C'est tout de même ce qui m'est venu à l'esprit, quand le nonce apostolique m'a dit qu'on avait pensé à moi... Comme évêque – et c'était déjà vrai comme prêtre –, je ne peux pas dissocier mon itinéraire personnel de cette aventure totale, qui n'est pas simplement celle de l'Église mais celle de toute l'humanité et de toute la Création. Dans le petit bonhomme que je suis, résonne un appel qui s'adresse à tous. C'est pour cela que j'ai fait graver dans mon anneau : « Tout, en Toi, à tous. » J'ai noté, à ce moment-là, dans le carnet où il m'arrive de consigner des extraits de lectures, surtout des poètes, quelques phrases écrites par Péguy :

« Oh, misère, oh, bonheur ! c'est de nous qu'il dépend, nous qui ne sommes rien, nous qui passons sur terre quelques années de rien, quelques pauvres années misérables, c'est insensé, c'est uniquement de nous qu'il dépend d'assurer aux paroles une deuxième éternité éternelle. Nous qui ne sommes rien, qui ne durons pas, c'est nous qui sommes chargés de conserver, de nourrir, éternelle, la parole de Dieu. C'est de nous qu'il dépend que la parole éternelle retentisse ou ne retentisse pas. C'est une gageure, il dépend de nous que le grand ne manque pas du petit, que le tout ne manque pas d'une partie, que l'infiniment grand ne manque pas de l'infiniment petit, et que l'éternel ne manque pas du périssable. »

Eh bien ! pour moi, ce texte est peut-être la meilleure réponse.

— *C'est une responsabilité écrasante.*

— Oui, une responsabilité incroyable, mais la gageure, c'est précisément qu'elle soit confiée, non pas à des gens considérables, mais à des tout-petits. Il n'y a pas de proportion entre ce que nous sommes et ce qui nous est confié. Finalement, c'est rassurant. Au fond, n'ayant pas été candidat, je peux dire à Dieu que c'est à lui d'assumer le choix qu'il a fait.

— *Quand vous étiez plus jeune, un évêque était une personnalité, presque une institution dans la société. Aujourd'hui, il en va tout autrement.*

— Bien sûr. J'ai reçu une lettre d'une jeune fille du Val-d'Oise qui me remerciait de ne pas être un « personnage », mais une personne. Cela m'a encouragé. Pour beaucoup de gens, effectivement, le personnage de l'évêque ne signifie plus grand-chose, mais s'ils découvrent une personne, peut-être vont-ils commencer à être intéressés. Alors nous pourrons entrer en dialogue, converser. Je me souviens – j'étais adolescent – de l'agonie de Jean XXIII. Cela avait largement dépassé les frontières de l'Église. Dans le monde, beaucoup avaient l'impression d'accompagner un proche qui s'en allait. Ce n'était pas l'évêque de Rome, le personnage public, mais sous les traits du pape Jean, un vieillard qui avait ému, souri, qui avait été simple et à travers lequel on ressentait la proximité, la familiarité de Dieu. Si l'évêque peut être le témoin de cette familiarité avec celui qui est là et qui est « le tout autre », alors, quelque chose peut se passer dans les cœurs.

— *Certes, mais les évêques apparaissent souvent comme les gardiens de la doctrine, voire de l'ordre moral.*

— Ce que nous gardons, ce n'est pas un ordre inerte, mais un mouvement qui vient du Christ pour nous entraîner vers le Père. Le cardinal Marty, lorsqu'il était arrivé à Paris, avait dit : « Dieu n'est pas conservateur. » Nous ne sommes pas les gardiens d'un musée ou d'une doctrine morte. Nous gardons et sommes gardés en mouvement par une parole vivante. Nous devons faire en sorte qu'elle demeure vive et qu'elle nous rende vivants. Gardien, oui, mais d'un dynamisme. Gardien, non pas d'une flaque, mais d'une source dont nous n'aurons jamais épuisé le jaillissement. Ou bien cela jaillit ou bien l'on bassine les gens.

— *L'image est jolie.*

— Il est assez pénible pour nombre de prêtres de constater qu'on les considère comme des fossiles, comme des gardiens de choses disparues. Lorsqu'ils ont été ordonnés, ils ont répondu « Me voici ! » avec enthousiasme. Avec le désir de partager ce qui les rend heureux et les fait vivre. En réalité, nous sommes des veilleurs, des guetteurs de l'aube : nous essayons de voir ce qui n'est pas spectaculaire, mais ce dans quoi nous reconnaissons, au cœur du présent, la force des commencements.

— *Mais alors d'où vient cette image de frilosité, de raideur de l'Église ?*

— D'un malentendu fondamental sur notre parole. Le monde d'aujourd'hui ne dispose plus des références essentielles du christianisme. Parfois même, nos mots lui paraissent vides de sens. On nous interroge à la radio ou à la télévision avec l'idée que nous allons donner d'abord une parole morale, or ce n'est ni notre premier, ni notre dernier mot. Nous voulons exprimer la logique de la foi, de l'amour et du bonheur, mais on nous demande un discours moralisant. On nous fait apparaître comme des pères fouettards, alors que nous sommes des annonceurs de Bonne Nouvelle. Et lorsque nous préférons nous taire parce qu'il n'est pas possible de répondre d'un mot, d'une phrase, on nous accuse de n'avoir rien à dire ! Ça passe mal, parce que nous ne sommes pas là d'abord pour défendre des valeurs ou une idéologie, mais pour annoncer l'Évangile.

— On parle pourtant volontiers des « valeurs chrétiennes ».

— Eh bien, pour parler net, cela m'inquiète un peu. Je ne voudrais pas que, quelle que soit la grandeur de ces valeurs, elles prennent la place de Dieu. Dieu seul est Dieu. Même la liberté n'est pas Dieu, même la tolérance n'est pas Dieu, même la justice n'est pas Dieu, même la famille n'est pas Dieu. Moi, comme évêque, je n'ai pas d'abord à défendre des valeurs, aussi grandioses soient-elles. Je souhaite bien sûr que nous partagions tous les valeurs qui découlent de notre foi en Dieu fait homme, mais comme je désire surtout que chacun rencontre personnellement Jésus ! Je dois annoncer Jésus. Parfois, je me demande si nous en sommes toujours persuadés. Si on prend les valeurs pour Dieu, le risque est grand de devenir idolâtre et intolérant. Le fanatisme n'est pas loin. De surcroît, les valeurs peuvent être celles d'une certaine époque, d'une certaine culture. Alors les autres, ceux qui ne s'y reconnaissent pas, qui sont-ils ? des barbares ?

J'insiste, nous annonçons tout autre chose. La Parole. Ni une doctrine, ni une morale, ni une philosophie. Quelqu'un parle : l'Unique qui s'adresse à chacun de nous, qui nous appelle par notre nom, qui nous rejoint dans le secret de notre cœur et de notre vie. Pour annoncer cette Parole qui a retenti un jour dans l'histoire, qui a pris un visage et une voix, qui est vivante, il faut d'abord l'écouter. Se soucier de son authenticité est nécessaire, mais cela ne suffit pas. Il faut encore la dire de façon telle que celui à qui elle s'adresse puisse l'entendre, afin d'être en mesure, s'il le veut, de lui répondre. Et cette Parole s'enrichira de sa réponse. Car la parole de l'homme qui écoute, entend et répond à la Parole de Dieu, fait partie de la Parole de Dieu.

— *Pourtant, nous recevons souvent les textes de la Bible ou de l'Évangile comme si tout avait déjà été dit à leur sujet.*

— Tout a été dit, révélé, offert en Jésus, en effet. Tout ce qui avait été promis, annoncé, Il l'a accompli, et bien au-delà de nos attentes. Il n'y a rien à ajouter. Il n'y aura pas d'ère du Verseau ou autre chose de ce genre. Mais nous n'épuiserons jamais la nouveauté et la beauté de ce trésor. Nous ne reviendrons jamais de notre surprise.

Évidemment, s'il s'agit de relire chaque dimanche ou chaque jour des textes que nous n'aurions pas compris depuis 2 000 ans, c'est un peu inquiétant. En réalité, chaque fois que nous l'écoutons, la Parole réjouit notre jeunesse. Elle nous rejoint et nous provoque chaque fois, là où nous en sommes, et nous remarquons aujourd'hui des choses que nous ne pouvions tout simplement pas voir hier. En cela, elle est inépuisable et il est important pour chacun de l'écouter et de la partager avec d'autres. Le Christ, qui est le Verbe, ne cesse de venir à nous, et de lui naît toute parole.

Prenez le récit des pèlerins d'Emmaüs. Ils marchent sur la route en conversant tristement de tout ce qui s'est passé... Jésus mort, ils ont quitté Jérusalem. Et voilà que le Ressuscité, qu'ils ne reconnaissent pas, s'approche, prend le rythme de leurs pas, entre dans leur conversation, leur demande de quoi il est question. L'un d'eux lui dit : « Tu es vraiment le seul habitant de Jérusalem à ne pas savoir ce qui s'est passé. » C'est presque de l'humour noir puisque Jésus est au contraire le seul à savoir ce qui est vraiment arrivé. Mais il se tait. Il les laisse raconter. Eh bien, ce silence de Jésus qui écoute est, si j'ose dire, très parlant, non ? Et ensuite, lorsqu'il fait mine d'aller plus loin, c'est pour leur permettre de dire : « Reste avec nous. » Ce n'est presque rien, mais cela parle. Cela libère la parole.

— *Mais nous ne sommes guère habitués à écouter la Parole dans ces silences. Recevoir l'Écriture en prêtant attention à ce qui n'est pas dit explicitement, lire dans les blancs, entre les lignes, ce n'est pas évident.*

— Parce que, à quelques notables exceptions près, nous n'avons pas assimilé la Parole de Dieu comme une parole poétique. Le poète – *poiein* en grec – c'est celui qui fait par la parole. Ainsi fait Dieu créateur. La Parole n'est pas d'abord une information ni une explication, mais un mouvement qui crée.

Le poète Joë Bousquet disait : « Tout poème est traduit d'un silence. » La Bible, quelle que soit la langue dans laquelle nous la lisons, est traduite du silence. Elle nous livre la respiration silencieuse de l'Amour. On ne peut entendre Dieu que si l'on entend cette parole du silence, et les poètes sont beaucoup plus habilités à l'entendre que ceux qui fourbissent une multitude d'explications.

Dans la Parole, les mots ne sont pas seuls. Ils prennent corps et visage. Aujourd'hui, on peut communiquer d'un bout à l'autre du monde, mais à quoi cela sert-il si l'on finit par ne plus se parler d'homme à homme ? Or la grandeur de la Parole est là : c'est toujours une conversation entre deux personnes, une rencontre. Paul VI l'avait écrit dans sa première encyclique : « Il faut que l'Église devienne conversation. » Rien n'est plus beau que ce moment que nous rapporte la Bible, où, dans « la tente de la rencontre », Moïse parlait à Dieu comme un homme s'entretient avec son ami.

— *Si la Parole de Dieu est poétique, elle ne se dit pas ou ne s'entend pas de façon mièvre. L'écouter peut être inconfortable, risqué.*

— Effectivement, elle est dangereuse. Elle rencontre en nous le cri aussi bien que le silence ou le chant. Quelquefois même, le blasphème. Oui, la Parole est drue. Et ce n'est pas avec des propos doucereux que l'on parle le mieux de Dieu. C'est parfois en ne parlant pas de lui, mais en entendant l'homme qui hurle parce qu'il n'en peut plus, ou celui qui se tait parce qu'il n'a plus rien à dire.

Il y a des paroles qui s'adressent à Dieu comme des cris et une parole qui est aussi un cri de Dieu vers nous ! Dans le livre de l'Exode, par exemple. Moïse est là, devant ce buisson qui brûle sans se consumer, sans disparaître, et ce n'est pas Moïse qui, d'abord, parle à Dieu, mais Dieu qui s'adresse à lui : « J'ai vu la misère de mon peuple, j'ai entendu son cri. » Dieu a entendu le cri d'un homme qui peut-être criait en croyant que le ciel était vide. Et Dieu transforme ce cri en une prière qu'il adresse à celui qui croit en lui. Il prie Moïse d'aller trouver Pharaon pour lui demander de mettre fin aux souffrances des Hébreux. N'est-ce pas frappant, ce cri d'un homme qui devient la prière de Dieu ?

— *Sans doute, mais souvent l'Église semble plutôt dire aux hommes : « Si vous voulez que Dieu vous entende, il y a des conditions... ».*

— Pourtant, le psaume le dit bien : « Un pauvre crie, Dieu l'entend. » Mais c'est vrai, beaucoup pensent que nous fixons des conditions, qu'il y a des préalables. En réalité, c'est exactement le contraire. Dès le commencement, il n'y a pas de condition. Dieu donne tout. Pour accueillir l'Évangile, une seule chose est vraiment nécessaire : croire que tout nous est donné.

C'est bien ce que tente de dire le père à ses deux fils dans la parabole de l'enfant prodigue. Ni l'un ni l'autre n'y ont cru. Ni celui qui s'en va en demandant sa part d'héritage, ni celui qui est resté. Le premier n'a pas reconnu que tout lui était donné puisqu'il a demandé « sa part », et forcément la partie du tout a fini par s'épuiser. Mais, lorsqu'il revient à la maison parce qu'il a faim, son père de nouveau lui offre tout, et plus que tout. Quant à l'autre, l'aîné, il s'est placé non pas en fils, mais en serviteur méritant qui a fait « tout ce qu'on lui a demandé ». Il n'a jamais accueilli le tout qui lui était donné. Et le père le lui rappelle encore : « Tout ce qui est à moi est à toi. »

Voilà le registre de l'Évangile : celui de l'excès du don. Très souvent, nous l'oublions. Tout est donné, voilà le plus étonnant. Le plus choquant même, si l'on se réfère à la parabole de l'ouvrier de la dernière heure qui reçoit, sans même attendre, autant que les autres qui ont travaillé toute la journée...

C'est une révolution. Quand on la découvre, on entre dans l'Évangile, et l'on reste sans voix. Il faudrait que nous soyons capables de parler sans voix, d'annoncer l'Évangile sans revenir de notre surprise. Il faudrait réapprendre ensemble la parole d'émerveillement. Non pas parler avec la certitude de ceux qui ont tout vu et tout entendu, de ceux qui savent, mais avec ce tremblement dans la voix et ce saisissement qui font qu'on a du mal à croire ce qu'on annonce et que pourtant on y croit !

— *Il ne faudrait cependant pas que cet étonnement soit une fuite par le haut, une manière d'échapper à la souffrance ou plus prosaïquement à la chair...*

— En effet, c'est à l'homme de chair, à l'homme mortel, que ce don est adressé. Il faudrait que les disciples du Christ soient bien convaincus qu'ils sont dépositaires d'une logique de l'incarnation et de la résurrection de la chair. Notre réalisme spirituel doit être charnel, concret. Rien n'est plus dangereux qu'un spiritualisme désincarné, c'est bien pis que le matérialisme.

Nous devons nous rappeler que la chair est en puissance, dans le Christ, un corps de gloire. Et donc, prendre en compte sa destination. Ce n'est pas de la viande, de la matière promise à la corruption. Il ne s'agit pas de devenir des anges, mais des hommes en Dieu. On retrouve ici l'intuition de Pascal : « L'homme passe l'homme. » C'est toute l'unité de notre être qui est engagée.

— *Ce qui suppose que non seulement nous ne nous protégions pas du cri de l'homme, mais que nous allions vers lui.*

— Pour commencer, qu'on ne le fasse pas taire ! Qu'on ne le fasse pas taire ! C'est une tentation de faire taire le cri de l'homme, parce qu'il nous dérange, parce qu'il dit des choses terribles sur l'homme et sur Dieu. Rappelons-nous Job : sa profession de foi, à un moment, c'est son cri. Je ne croirais jamais en un Dieu qui n'entendrait pas cette protestation.

Et puis, d'une certaine manière, l'homme lui-même est un cri. On a beau rêver d'un monde sans souffrance, nous savons bien – en dépit de tous les progrès que nous pouvons accomplir en poursuivant ce rêve – qu'il n'y aura jamais, en ce monde, un temps ou un espace où l'homme sera parfaitement heureux. D'ailleurs, que serait ce monde sans cris, sans larmes, sans chuchotements, sans rires non plus, sans indignations et finalement sans amour ?

Dire cela, est-ce se résoudre à la fatalité ? C'est exactement le contraire ! L'homme est un cri, précisément parce qu'il y a un écart entre ce qu'il est à chaque moment de son existence et ce qu'il est appelé à devenir pour l'éternité. L'homme est cet écart, cet élan. Entre l'homme réel et l'homme possible, comme disait Maurice Zundel. Quelle que soit sa foi, il sent en lui ce dépassement. Voilà pourquoi il est artiste ou savant... Et quand il dit : « Je t'aime », ce n'est pas simplement pour reproduire l'espèce, mais parce qu'il cherche l'infini. « Rien de moins que l'infini », affirmait encore Zundel.

Nietzsche l'avait pressenti, l'homme souffre de ne pas être Dieu. Notre vocation ? Elle est divine. L'enjeu de notre existence, c'est notre enfantement divin. Nous devons bien admettre que l'horizon de ce monde et de l'histoire n'est pas le dernier horizon de l'homme ! L'homme est fait pour l'infini. Pas moyen de le « définir » autrement que comme une « infinition ».

Bien sûr, on ne dit pas cela à quelqu'un qui gueule parce qu'il a mal. Mais on ne s'en sort pas davantage en susurrant : « Écoute, patiente, ça va s'arranger. » On peut, en revanche, s'entraider les uns les autres, ne pas oublier ceux qui sont sur les bas-côtés de la route, ceux qui n'arrivent pas à avancer, car cette route va bien au-delà.

— *Donc pas de « principe de précaution spirituel » ?*

— Ah non ! Ce serait le contraire de cet élan. Je ne méprise pas la prudence que doivent avoir ceux qui sont en situation de responsabilité, des parents ou des gouvernants, par exemple. Mais cette prudence ne saurait écarter le risque de la vie ou alors c'est l'amour qu'on fait disparaître. Y a-t-il un plus grand risque aujourd'hui que celui d'engager sa vie sur la parole d'un autre ? Si on veut supprimer tous les risques, il faut rayer ces trois mots, les plus dangereux de tous : « Je t'aime. » Mais alors, il n'y a plus de « je », il n'y a plus de « tu », il n'y a plus de « nous », il ne reste rien !

— *Mais si les chrétiens, au moins une part d'entre eux, s'engagent dans les situations difficiles, on a parfois le sentiment que certains arrivent dans une position de supériorité, comme ceux qui apportent des réponses.*

— C'est assez vrai, même si nous ne sommes pas les seuls à partager ce travers. On a souvent l'impression que nous avons une réponse à donner au monde. Oserais-je dire que parfois on a presque envie de gifler les gens qui donnent des réponses trop facilement pieuses ? Parce que c'est insupportable pour celui à qui elles s'adressent, parce que dans ces réponses toutes faites la personne n'est pas prise en compte, son cri n'est pas entendu. Pour ma part, je ne reconnais pas cela dans l'Évangile. Ce que j'y trouve, à l'inverse, c'est une question que nous sommes appelés à entendre avec le monde.

Il y a une mauvaise manière de se prendre pour le bon Samaritain. D'ailleurs, à la fin de la parabole, Jésus ne donne pas de réponse, mais pose une question. À nous d'y faire écho. Les questions vitales, nos vies seules peuvent y répondre. La mission de l'Église, dans la diversité de ses membres, est sans doute moins de répondre à toutes les questions que d'aider chacun à entendre la question que Dieu pose à tout homme. Question de vie ou de mort, de vie et d'amour.

— *Pour l'heure, il y a quand même quelques sujets sur lesquels l'Église ne donne pas cette image que vous souhaitez. Je pense notamment au débat qui a eu lieu sur le* PACS.

— Il ne s'agissait pas de faire la morale, mais de rappeler ce qui était en jeu. Il nous a semblé qu'il y avait un danger de nier cette dimension essentielle de la vie humaine que constitue la relation à l'autre. L'autre, par excellence, c'est l'autre sexe. L'être humain est homme et femme, et cela fonde la communauté humaine. Mettre cela en cause, ce n'est pas une question de bien ou de mal, c'est fausser l'élan même de l'humain. L'humanité se maintient dans cette relation, dans cet espace. Sinon il n'y a plus que l'individu ou, à l'inverse, le collectif. On sort de la logique de la communion humaine, une communion qui repose sur cette différence.

— *Cependant, dans un couple homosexuel, les individus ne sont pas des clones, ils ne peuvent pas se réduire l'un à l'autre. Même minime, la différence ne disparaît pas.*

— Je ne veux pas nier l'authenticité des sentiments. Ce sont bien deux personnes différentes. Mais on ne peut pas non plus nier la réalité humaine, nous ne sommes pas des anges asexués. Sinon, se développe une idéologie angélique, inhumaine. Il ne faut pas, d'un côté, reprocher à l'Église, comme on le fait trop souvent, d'être désincarnée et, de l'autre, protester du fait qu'elle prend la mesure de l'incarnation. Ce que nous essayons de défendre c'est l'être humain dans toute sa vérité. Il ne s'agit pas pour nous simplement de prendre position sur un sujet de société, mais de tenir compte de toute la dynamique de l'être humain, où tout se joue dans la relation, dont le premier terme est la relation homme-femme.

— *Mais ne pouvez-vous pas admettre que le modèle s'accompagne d'exceptions ? Et que, d'une certaine manière, l'exception peut être signifiante ? C'était une forme d'intelligence du Moyen Âge que d'interpréter ce qui sortait de la norme comme un signe adressé à la société. Aujourd'hui, on supporte mal les exceptions.*

— Certes, mais l'exception peut-elle définir une loi ? Bien sûr, on peut comprendre l'exception, prendre en compte la singularité d'une expérience. Beaucoup de prêtres, et pas seulement des prêtres, savent ce qu'est accompagner spirituellement des personnes homosexuelles...

— *En l'occurrence, il s'agit moins d'un besoin d'accompagnement que d'une demande de reconnaissance.*

— Reconnaître les personnes, bien sûr. Et elles ne se limitent pas à leur homosexualité. Mais j'aimerais que la reconnaissance soit mutuelle. Souvent, on ne nous écoute pas en nous accusant d'intolérance d'entrée de jeu...

— *... parce que cette demande s'accompagne en général d'une souffrance telle que la parole de l'Église est fréquemment perçue comme une négation ou une accusation.*

— J'en suis bien conscient, c'est ce qui augmente la difficulté. Car on s'adresse à des personnes qui ne vivent pas un débat théorique. Cela ne se règle pas en prenant la parole chaque fois qu'on vous tend un micro. Pour ma part, je n'ai pas envie de parler à la cantonade.

Je dois dire que les choses sont parfois aussi un peu compliquées par certains qui voudraient qu'on parle « haut et fort », sans s'apercevoir qu'ils rendent notre parole encore plus inaudible. Je pense que nous devrions nous rappeler les bienfaits de la méthode scolastique qui invite à aborder les questions par les difficultés, les objections. Il ne faut pas sous-estimer le point de vue de l'autre, mais d'abord écouter, comprendre dans les objections la part de vérité qu'elles contiennent, puis la relier à ce qui nous paraît essentiel. Dans des matières aussi difficiles, aussi sensibles, il faut écouter celui qui ne pense pas comme nous et se rappeler, grâce à lui, l'essentiel qui est en jeu, pour les uns comme pour les autres. J'aimerais que cette méthode anime nos dialogues en société.

— *Tout cela serait sans doute plus simple si l'Église ne semblait pas si méfiante à l'égard de la sexualité. Tout se passe comme si, pour elle, la sexualité était la part maudite. Avec le péché originel et « tu enfanteras dans la douleur »...*

— En effet, elle apparaît comme un signe de malédiction. Alors que, au départ, la sexualité est une bénédiction. « Il n'est pas bon que l'homme soit seul. » La communion d'un homme et d'une femme est la manière humaine, splendide, de signifier la communion des personnes. Et nous sommes, nous les humains, à l'image de la communion des trois personnes divines ! Nous sommes à l'image du NOUS trinitaire ! Le péché, ce n'est pas la communion réalisée, c'est la communion abîmée... En assimilant la sexualité au péché, on perd ce sens de la communion, cet élan humain fondamental.

— *Saint Augustin y est pour quelque chose, non ?*

— Disons, saint Augustin relu dans la mentalité individualiste qui est la nôtre, qui fait du salut un enjeu individuel. En vérité, le salut ne se comprend que dans une dimension de communion : c'est tous ensemble, pour l'éternité. Augustin avait le sens du « Christ total », du Christ qui embrasse et embrase toute l'humanité : « Tu nous as fait vers toi *(ad te)* et nous ne serons en repos que quand nous serons en toi *(in te)*. » C'est dans cette perspective que la sexualité trouve son orientation.

Il ne s'agit ni simplement de reproduction de l'espèce, ni seulement de copulation, mais du dynamisme de notre vocation divine, celle d'une communion d'amour. C'est pour cela que la sexualité, pour nous humains, est indissociable de l'échange des consentements, de la parole donnée et reçue – sinon il y a viol – et de l'inscription dans une histoire – sinon il ne s'agit que d'une pulsion passagère.

— *Cependant, le point de vue de l'Église sur la sexualité est souvent reçu comme un catalogue de choses permises et surtout défendues. Une liste d'interdictions, une méfiance à l'égard du plaisir, une fermeture à la vie.*

— Ne faisons pas de l'exigence une fermeture. Elle est ouverture à l'infini. Rappelons-nous l'appel de Dieu à son peuple : « Choisis la vie ! » Cette vie, qui est plus forte que tout, qui vient de Dieu et se jette en Dieu, irrigue toute notre existence, dans toutes ses dimensions, dans toutes ses composantes, dans tout son mouvement et dans tous ses moments.

Nous, chrétiens, avons sans doute eu le tort, parfois, de laisser penser que la vie éternelle se cantonnait après la mort. Eh bien, non ! L'au-delà commence dès maintenant. L'avenir est avancé. La vie éternelle, nous n'allons pas attendre d'être morts pour la vivre. Elle palpite déjà en nous. Et dans cette perspective, la parole de l'Église ne dit pas ce qui est permis et défendu, mais invite à discerner ce qui est porteur de bonheur ou de malheur pour l'homme. C'est le registre de l'Évangile, c'est celui des Béatitudes. Le Christ n'a pas dit, par exemple, qu'il était défendu d'être riche, mais que le bonheur ne se trouvait pas dans cette direction-là. C'est ainsi que nous parlons, mais beaucoup entendent « permis-défendu ».

— *Voilà sans doute une des urgences pour l'Église, et peut-être même une tâche prophétique : sortir de ce registre.*

— Mais comment faire ? Il y a là une incompréhension fondamentale : souvent, certains chrétiens poussent l'Église à parler en termes de permis-défendu. Or, depuis le commencement – c'est à dessein que j'emploie l'expression de la Genèse –, notre parole est celle du bonheur et du malheur, de la bénédiction et de la malédiction. C'est d'autant plus vrai que, avec le Christ, le signe de malédiction par excellence, la croix, est devenu signe de bénédiction, signe de vie. Tout l'Évangile est annonce de vie. « Je suis venu, moi, pour qu'on ait la vie et qu'on l'ait surabondante », dit Jésus.

L'Église ne parle que pour la vie. Elle n'entend ni enfermer ni interdire. Elle parle pour éclairer la conscience, mais ne répond pas à la place des personnes auxquelles elle s'adresse. Elle parle à la lumière du Christ ressuscité et de cette vocation divine qui est celle de chacun d'entre nous, en rappelant cet élan vital que l'on risque d'oublier, de laisser de côté. C'est ensuite à chacun personnellement d'écouter et d'en tirer ou non des conséquences. Chacun se situe, librement.

3

Écouter battre le cœur de l'homme

— À plusieurs reprises, vous avez insisté sur l'élan qui est en l'homme. Ne peut-on pas parler également d'une attente ? L'homme et le monde ne sont-ils pas en attente de ce qui répondrait à cet élan en eux ?

— Oui, je le crois et je me sens appelé à écouter cette attente. Nous n'avons pas forcément les mots pour dire ce que nous attendons. Pourtant, si l'on y prête attention, en chacun de nous existe une attente, avouée ou non, quelquefois même inavouable... Une attente que l'on confie parfois à un autre ou que l'on tait, que l'on se dit à soi-même, qu'on peut aussi se cacher... Souvent, lors d'une première rencontre, je ressens une attente beaucoup plus forte que ce qui est explicitement exprimé. Je pense en particulier à ma première messe en prison. Tous me regardaient, se préparaient à m'accueillir, à m'écouter. C'était impressionnant. De même, à Pontoise, le jour de mon ordination épiscopale, ces quelque sept mille personnes...

— *C'étaient des circonstances exceptionnelles.*

— Bien sûr, mais j'ai fait le même constat dans des moments plus ordinaires. À chaque fois l'attente de l'autre transparaissait à travers l'attitude, le regard, la tension du corps, et quelquefois les mots. Et j'ai toujours constaté que je ne percevais pas tout de suite le contenu même de cette attente. Il fallait beaucoup plus de temps pour l'entendre véritablement, pour qu'elle puisse se dire.

Une attente ne se livre pas comme cela, de but en blanc. Il faut qu'un dialogue se noue, qu'une complicité s'établisse, un « apprivoisement », comme dit le renard au Petit Prince. Mais aussi saint Irénée. D'autant qu'elle s'exprime de diverses manières, pas toujours directement ou positivement. Elle peut se dire par la peur comme par le désir, par une tristesse – parce que ce qu'on attend ne vient pas comme et quand on le souhaiterait – ou, à l'inverse, par la joie – parce qu'elle rencontre, peut-être même avant de s'être explicitée, un début de réponse.

Voilà ce qu'il faut écouter. Non seulement les phrases, mais le battement du cœur de quelqu'un. C'est presque une auscultation pour entendre se manifester, au plus profond, ce qui relie celui qu'on écoute à Dieu vivant.

— *Vous voulez dire qu'il s'agit d'une attente de Dieu, une attente à laquelle Dieu pourrait répondre ?*

— Dieu n'est pas d'abord celui qui comble nos attentes. Il n'est pas celui qui boucherait un trou dans nos vies, mais celui qui inscrit dans nos cœurs ses propres attentes. Des attentes folles... Des attentes d'infini, d'absolu. Mais cela passe par beaucoup de blessures, de frustrations, de doutes et même, hélas, souvent par des découragements et de la désespérance. Au point que, par moments, on n'ose même plus attendre. Cela fait trop souffrir, quand cela n'arrive pas... On n'ose plus prier, en se disant qu'on n'est pas entendu, pas exaucé...

Si bien qu'à travers ce qui n'est pas dit, à travers ce qui suinte entre les silences comme entre les mots – car une attente exprimée en cache toujours une autre non dite –, il nous faut arriver à entendre quelle est l'attente véritable et profonde d'un être. C'est bien plus qu'un rêve, c'est sa tension vers l'infini.

— *C'est le désir...*

— Le désir qui rencontre l'obstacle, la difficulté. Saint Thomas d'Aquin le nomme espérance. Autrement dit, pour parler familièrement, cela ne vient pas comme dans du beurre. Il faut se mettre à l'écoute du désir intime inscrit par Dieu dans le cœur de chacun. L'écouter, c'est le mettre en état de répondre, lui-même, à l'appel de son nom, et ce nom ne sera véritablement le sien que dans cette réponse. Il est vital pour chacun de devenir pleinement celui qu'il se sent appelé à devenir.

Souvent, cela vient de très loin, et on a l'impression que cela n'a rien à voir avec ce dont on parle. Au début, il est impossible de mettre un mot sur ce qui est attendu. Il faut écouter, une fois, deux fois, trois fois..., laisser décanter – je crois beaucoup à ce temps d'une nécessaire décantation – et écouter encore pour découvrir, à un moment donné, cette attente fondamentale qui se dit chaque fois avec des mots particuliers, parce que ce qui est en jeu, c'est un être unique, avec son histoire singulière.

Je ne peux commencer à parler ou, en tout cas, permettre de rencontrer la Parole du Seigneur que là, très exactement, où j'ai écouté. C'est à cette attente qu'il faut parler. Non seulement pour y répondre – il ne s'agit pas de combler un vide –, mais pour la reconnaître, la rendre plus vive encore ; pour montrer à celui que j'ai écouté que cette attente en lui est encore plus forte et plus grande que ce qu'il entrevoit.

— *Si vous en parlez ainsi, c'est que vous avez vous-même été écouté de cette façon. Qui vous a écouté le premier comme cela ?*

— Dieu ! Dieu par le ministère d'un prêtre. Nous avions, mais cela ne s'appelait pas comme cela, un père spirituel. Enfant, j'avais été très impressionné en allant me confesser. Dans le dialogue qui précédait la confession proprement dite, j'étais très étonné et profondément marqué par le fait qu'une « grande personne », une personne sérieuse, prenne du temps pour écouter mes histoires d'enfant.

— *Cela se passait dans l'école que vous fréquentiez ou c'était une volonté de vos parents ?*

— À l'école. Mais mes parents avaient eux-mêmes une très grande capacité d'écoute, entre eux et à notre égard. Cela aussi s'est inscrit en moi. La famille était un vrai lieu d'écoute. Mes parents étaient attentifs à des trajectoires très différentes de celles qu'ils avaient imaginées et ils les comprenaient. Je pense par exemple à l'un de mes frères qui semblait avoir trouvé sa voie en entrant dans un laboratoire pharmaceutique après avoir fait une école de commerce. Un jour, il a décidé, avec sa femme, de tout quitter pour devenir menuisier ! C'était un autre monde, un autre milieu social, mais il voulait donner un sens à sa vie sans se contenter d'un métier « alimentaire ». Mes parents n'y ont pas fait obstacle, alors qu'ils étaient à cent lieues de concevoir un changement pareil. Par la suite, il s'est occupé de réfugiés de l'ex-Yougoslavie, il a fait des choses qui pouvaient les surprendre ou même les inquiéter, mais dans la mesure de leurs possibilités, ils l'ont toujours encouragé.

Cette qualité d'écoute de mes parents, cette disponibilité, m'a impressionné au point que je suis souvent irrité quand je constate qu'on ne s'écoute pas ou qu'on n'accueille pas une attente, qu'il s'agisse de choses de la vie quotidienne ou de réalités plus fortes. En fait, il n'est pas du tout évident de comprendre les attentes de l'autre, sans vouloir faire son bien malgré lui ou sans transférer sur lui nos propres désirs. Il faut se rendre disponible, s'y préparer. Je m'en suis particulièrement rendu compte en prison. Là, on entend des choses pas faciles, et à travers elles il faut percevoir quelle est l'attente fondamentale de celui qui parle.

— *Par exemple...*

— Je songe à cet homme qui avait commis une agression sexuelle, en menaçant sa victime, un autre homme, avec une arme. Lorsqu'il a commencé à en parler, j'ai cru qu'il cherchait à se justifier, qu'il minimisait la gravité de son acte. Il m'a fallu de longs mois, en connaissant mieux sa manière de s'exprimer et son histoire qu'il ne me livrait que par petits bouts, pour comprendre qu'il voulait vraiment assumer ses actes, et non pas les effacer ou les justifier. Il essayait, à travers ses propos, de me faire percevoir ce qu'avaient été ses attentes d'enfant, perpétuellement déçues. J'ai découvert qu'il s'était toujours senti rejeté par son père et qu'il avait toujours espéré rencontrer une personne qui le comprendrait. Il était presque surdoué, mais avait été rabaissé, diminué. Il ne voulait pas se défausser de ses responsabilités. Il souhaitait pouvoir nouer avec une femme une vraie relation, alors qu'il s'en sentait incapable. Il a fallu beaucoup de temps pour qu'il puisse reconnaître tout cela et le confier. Au début, je ne l'entendais pas. Oui, écouter, cela prend un temps fou et l'on est toujours tenté, pour aller plus vite, de ramener à une situation déjà connue, à une catégorie. On classe. On répertorie. On fiche. On ne voit plus cet homme ou cette femme, mais un cas. Alors qu'il faudrait entendre et regarder l'être humain. L'expression va paraître ringarde, mais ne s'agit-il pas d'écouter une âme ?

— *Où enraciner une telle écoute ?*

— Dans l'Évangile, à Jéricho, un aveugle hurle : « Jésus, Fils de David, aie pitié de moi ! » Toute la ville sait ce qu'il veut : être guéri. Les disciples tentent de le faire taire. Ils n'écoutent pas. Mais Jésus, qui l'a entendu, leur confie le soin de le lui amener. « Courage, lève-toi, il t'appelle », lui disent-ils. Six mots, comme les six premiers jours de la Création. Tout l'Évangile est là : « Courage, lève-toi, il t'appelle. » Jésus sait évidemment, comme la foule, ce qu'attend l'aveugle ; pourtant, il lui demande, suavement, comme l'épicier du coin : « Qu'est-ce que je peux pour ton service ? Que veux-tu que je fasse pour toi ? » Il n'anticipe pas sur l'expression de son attente, il lui laisse la possibilité de la formuler à sa manière ! C'est plus qu'important, c'est décisif !

Un autre jour, on amène à Jésus un paralytique, en le passant par le toit. Jésus, de but en blanc, lui annonce que ses péchés sont pardonnés en raison de la foi qui a été manifestée. Cela suscite une polémique parmi la foule : « Qui est-il, celui-là, pour remettre les péchés ? » Mais le paralytique, lui, ne proteste pas. Il ne répond pas que cela lui fait – si j'ose dire – « une belle jambe », d'être pardonné, alors qu'on imagine qu'il aurait voulu marcher. Autrement dit, Jésus l'a rejoint dans son attente. N'est-ce pas, en Église, notre mission ? Permettre à Jésus de rejoindre l'autre en vérité. Quelle joie quand, un jour, on devient serviteur de cette rencontre ! C'est l'un des plus beaux services que nous puissions rendre à quelqu'un, de reconnaître avec lui le Christ qui vient au-devant de son attente, et de la nôtre, pour le combler bien au-delà de toute imagination.

— L'Église en est-elle véritablement le témoin aujourd'hui ? Il est plutôt difficile de trouver quelqu'un disponible pour écouter...

— Pour diverses raisons, le prêtre apparaît souvent comme quelqu'un de débordé, qui n'a plus de temps disponible. C'est très dommage parce que la richesse de ce ministère et de cette vocation, telle qu'elle est perçue par tous, c'est précisément cette disponibilité désintéressée à l'autre. Le prêtre est celui à qui l'on peut toujours parler, celui qu'on ne dérange pas en venant vers lui. Je sais combien les prêtres sont pris très tard dans la journée, tard dans leur vie. Tout le monde sait qu'ils ne ménagent pas leur peine. Mais comme il faudrait qu'il soit facile de les rencontrer, même en passant !

Ne devons-nous pas nous entraider, en Église, pour donner aux prêtres du temps pour aller, au nom du Seigneur, à la rencontre des gens ? Même les non-chrétiens en ont conscience : lorsqu'il leur arrive, dans les aléas de la vie, de rencontrer un prêtre, c'est presque naturellement qu'ils lui confient ce qui leur tient à cœur. Même ceux qui ne savent pas prier, ou du moins qui pensent ne pas savoir, lui demandent de le faire pour eux. « Si vous avez un peu de temps, ayez une petite prière pour moi » : tous les prêtres ont entendu ça. Il n'y a pas besoin d'en dire beaucoup pour que l'essentiel soit confié.

— *On pourrait peut-être imaginer un ministère de l'écoute, qui ne soit pas nécessairement sacerdotal. Les laïcs aussi peuvent écouter, porter des intentions de prière...*

— Bien sûr. Heureusement. Mais c'est particulièrement l'essentiel du ministère du prêtre. Regardez l'Évangile : je sais bien que l'époque n'était pas la même, que Jésus ne vivait pas dans la presse comme nous le faisons, n'empêche, toutes les rencontres qui nous sont racontées n'étaient pas inscrites sur un agenda ! Jésus n'avait qu'une Heure inscrite, et cette heure est venue, un certain vendredi. Pour le reste, c'étaient des rencontres fortuites. Voilà ce que le prêtre doit retrouver, le temps de la rencontre fortuite, celle qui peut se produire de multiples façons, même lorsque nous faisons des courses. Le temps gratuit de la conversation d'homme à homme ! Un jour, quelque part, ici et maintenant.

— *C'est même une aspiration de la société moderne. Le temps libre. Nous voilà dans les 35 heures !*

— Eh bien, profitons-en ! Trouvons enfin le temps de nous parler, de nous écouter, de vivre des choses ensemble, des choses gratuites, comme aller admirer un tableau, entendre un concert et ensuite prendre un pot pour en parler. Rien de bouleversant, vous voyez, mais pourtant c'est vital. À travers tout cela, l'enjeu c'est ce qui donne sens et goût à la vie, ce qui nous apprend à nous reconnaître frères et différents, et à nous en réjouir.

4

La foi, un défi que l'on relève

— *On m'a dit que vous êtes capable de grandes colères...*

— Hélas, toutes mes colères ne sont pas de qualité ! La colère est très souvent injuste, ses propos insultent parfois, blessent toujours. En revanche, j'aimerais demeurer capable d'indignation. Je ne voudrais pas assécher la source de la colère. L'homme qui s'émerveille et qui admire doit aussi pouvoir ne pas supporter l'insupportable, ne pas tolérer l'intolérable...

— *Ce sont des colères d'enfant ?*

— L'enfant a un grand sens de la justice. Ensuite, il se civilise, il se polit, il s'habitue. Cela va bien pour les traversées en eaux tranquilles, mais quand le vent de l'histoire souffle plus fort, il faut savoir entendre et faire entendre les hommes qui souffrent. Le maréchal de Lattre avait, vous le savez, une belle devise : « ne pas subir ». Cela veut dire sortir de soi, parler, agir. Ne pas faire le gros dos. S'exposer.

— *Vous n'êtes donc pas pour une société qui baignerait dans le consensus.*

— Si c'est pour clapoter dans l'eau tiède, non ! Mais il faut toujours rester vigilant sur ce qui peut menacer notre volonté historique de vivre et de marcher ensemble. Il y a des dangers qu'il faut savoir affronter, des combats qu'il faut savoir mener. Sans haine, sans fanatisme, parce que tous les combattants sont frères en humanité, tous « de race divine ». Mais aussi avec détermination et intelligence. Quand l'essentiel est en cause, l'homme, son âme, sa grandeur, sa dignité, qui pourrait rester dans les tribunes ? D'une manière ou d'une autre, il faut bien alors aller sur le terrain.

Être capable d'entrer en conflit, c'est oser engager sa parole et éventuellement sa vie sur des convictions fortes. L'Église a connu, dès ses débuts, un grand débat entre Pierre et Paul. Ils n'étaient pas moins chrétiens parce qu'ils se sont opposés. La vérité, c'est qu'ils n'auraient pas été chrétiens s'ils s'étaient contentés d'être mondains.

— *Je m'étonne que vous ne m'ayez pas dit que la colère était un attribut de Dieu.*

— Mais nous ne sommes pas Dieu. Lui, sa colère est sainte, c'est une colère d'amour. Comme François d'Assise qui criait que l'amour n'est pas aimé. Sa colère éclate contre ceux qui sont les plus proches. Ainsi les pharisiens avaient-ils grand souci de la Loi et de la Parole de Dieu. Ils croyaient à la résurrection des morts. Ils auraient dû comprendre Jésus mieux que d'autres. Alors, à leur égard, c'est une colère d'amoureux ou d'ami : « Comment se fait-il que vous oubliez l'amour auquel vous croyez, cet amour pour tous ? Pourquoi en faites-vous une affaire de caste ou d'élite ? Pourquoi fermez-vous la porte aux gens ? Pourquoi désespérez-vous mes frères ? Pourquoi obscurcissez-vous l'horizon avec plein de petits détails ridicules ? » Mais on ne le voit jamais se mettre en colère contre les pauvres et les petits. Avec eux, c'est plutôt l'humour qu'il manie.

Si Jésus s'emporte contre les pharisiens, n'est-ce pas dans l'espoir de les faire réagir, pour qu'ils se libèrent des carcans, pour qu'ils retrouvent le goût, le sens et la beauté de la vie ? C'est toujours dans la ligne de l'injonction du Deutéronome : « Choisis la vie ! »

— Cette sainte colère de Dieu, où l'entend-on aujourd'hui ?

— Chaque fois que nous célébrons ensemble et que nous consentons à écouter la Parole de Dieu, nous pouvons entendre son amour, sa colère, sa tendresse, son pardon. Ainsi, dans le livre d'Osée, au chapitre 11 : « Ils n'ont pas compris que je prenais soin d'eux, que je les menais avec des liens d'amour... Mon peuple s'est cramponné à son infidélité... Mais mon cœur est bouleversé, je ne donnerai pas cours à l'ardeur de ma colère... » Mais je dois reconnaître aussi, à la lecture des Pères de l'Église, que ces derniers avaient une parole plus dure, plus crue, plus forte que la nôtre. Ils ne ménageaient ni les foules ni les chrétiens.

— Ma question était un peu différente. Je voulais vous demander comment la colère de Dieu se manifeste-t-elle à l'encontre de l'Église. Le Christ, en nous regardant, doit nous trouver plutôt pharisiens, au moins de temps en temps, non ? Il y a toujours des hommes qui refusent la foi parce que ce qu'ils connaissent de l'Église les révolte...

— Le concile Vatican II l'a reconnu en disant, dans *Gaudium et spes*, qu'une des grandes causes de l'athéisme, et donc du refus de l'Église et de Dieu, se trouve dans notre manque de fidélité. Nous devrions laisser passer la lumière que nous avons reçue... De fait, les incompréhensions, l'agressivité, voire les blasphèmes, sont aussi l'expression de ce que l'on attendrait de nous et de Dieu mais qui ne vient pas ou n'est pas perçu. Il y a là une part de sainte colère. Cela prouve que les gens ne peuvent pas croire en un Dieu qui tolérerait certaines situations ou, pis, en tirerait bénéfice.

Si nous manifestions, dans des situations parfois inextricables, Dieu tel qu'il s'est révélé en Jésus Christ – le Dieu des petits, celui qui espère en chacun, qui ne cherche pas simplement à plaire, qui accomplit jusqu'au bout la volonté d'amour du Père –, on pourrait se moquer de nous, nous prendre pour des naïfs, mais non pas nous accuser de manquer au cœur de Dieu. Chacun d'entre nous est invité à reconnaître, dans les réalités très concrètes du monde d'aujourd'hui, les lieux où il est appelé à manifester – à la manière du Christ – la vie risquée, livrée, donnée... Le monde ne se méprend pas devant un tel témoignage : il l'a reconnu à travers les visages de Mère Teresa, Martin Luther King ou encore Oscar Romero et bien d'autres, y compris des personnes qui n'étaient pas nécessairement chrétiennes.

Un tel engagement n'est pas facile. Il faut accepter d'être incompris, parfois même de ses proches. Parler au cœur de la mêlée peut donner à notre voix des accents rauques. Il y a parfois, dans l'Église, un langage qui ne passe pas, qui paraît jargonnant, idéaliste, incompréhensible, alors qu'on comprend très bien et qu'on excuse même des mots qui ne sont pas toujours les plus choisis, mais derrière lesquels on sent un cœur, des entrailles, une passion.

– *Vous dites parfois qu'un chrétien ne peut pas vivre sans rencontrer d'incroyants.*

— Effectivement. D'abord parce que l'incroyant habite aussi chez nous, même à notre insu. Proclamer : « Je suis croyant », c'est vite dit. La foi engage la parole, donc la vie. Elle n'est jamais de l'ordre de l'évidence. Elle a affaire avec le risque. C'est un défi que l'on relève. J'aime les rencontres avec les incroyants parce que, avec leurs mots qui sont parfois brutaux ou crus, ils me rappellent ce que la rencontre du Dieu vivant a souvent d'intempestif.

Nous disons justement, à la suite de saint Jean, que Dieu est amour. Mais quand des incroyants nous envoient à la figure que ce n'est pas du tout leur expérience, qu'ils voient le mal dans le monde et tout ce que Dieu permet, nous prenons ça dans l'estomac et nous sommes bien obligés de nous demander : « Qu'est-ce que je peux leur dire de l'amour de Dieu ? » Autre exemple, la croix : nous y sommes habitués, cela ne fait plus choc. Quel signe, pour la révélation de Dieu ! Imaginez que je porte en pendentif une petite guillotine, avec la lame ensanglantée, en disant : « C'est le signe de Dieu » ! Nous ne devons pas perdre de vue qu'il y a là une folie, un scandale, comme l'écrit saint Paul ! Il y a de quoi s'étonner quand on se trouve choqué pour un film ou un autre à cause de la représentation du Christ, en oubliant de quelle manière le Christ a exposé Dieu sous le signe de la croix.

Et la mort de l'enfant, du fils ? Face à cela l'incroyant proteste, invective, blasphème. Comment ne pas accueillir sa réaction et ne pas la confronter à la nôtre, face à Dieu ? Oui, les incroyants nous interrogent sans prendre de gants. Ils nous posent, à leur manière, la question même du Christ : « Et vous, qui dites-vous que je suis ? » Ils nous obligent à prendre position. Mais s'il y a une chose qui m'aide à prier, à dire le bréviaire, c'est de retrouver dans les psaumes, presque mot à mot, des phrases entendues dans la bouche des uns et des autres, croyants et incroyants. Cela me remet devant la seule question qui vaille : celle de la vie et de la mort. L'incroyant nous empêche de nous payer de mots.

Mais ce n'est pas le seul aspect à considérer. Nous n'avons pas le monopole de la générosité et du don. L'incroyant est capable de choses superbes qui enrichissent le patrimoine de l'humanité. Et cela me parle de l'homme et de Dieu. En tout homme, Dieu nous précède et il n'est pas nécessaire qu'un homme se reconnaisse des nôtres pour que je puisse, moi, le reconnaître de Dieu et de la grandeur de la vie. Je reviens une nouvelle fois à cette affirmation fondamentale de la Genèse : en tout homme, quelles que soient ses convictions, nous trouvons l'image et la ressemblance de Dieu.

— *Vous me faites penser à Diogène et sa lanterne qui cherchait un homme en plein jour. Je vous imagine en disant : « Je cherche un incroyant. »*

— Je cherche Jésus chez tous. Il y a parfois chez les incroyants une espèce de santé qui nous manque. Je n'aime pas trop chez nous ces phrases convenues qu'on dit si facilement, cette spiritualité qui vient sur commande, cette difficulté à appeler un chat un chat et cette tendance à saupoudrer les bons sentiments. Il ne faut pas être trop rapidement spirituel, comme le montre Bernanos dans les *Dialogues des carmélites*, avec le personnage de la prieure qui a du mal à mourir et ne supporte pas les discours trop pieux de ses sœurs.

Cependant, l'incroyance n'est plus la même qu'hier, elle a changé de registre. Auparavant, c'était plutôt une attitude d'opposition, antichrétienne, anticléricale. Aujourd'hui, je ne dirais pas que c'est de l'indifférence, parce que l'homme n'est pas indifférent aux grandes questions qui le concernent, mais nous ne partageons plus le même vocabulaire. Nos mots, souvent, n'ont même plus de sens pour les incroyants. Et cette question du langage employé n'est pas anodine. Pour nous parler, nous sommes obligés de nous situer l'un et l'autre – « celui qui croit au ciel et celui qui n'y croit pas » – au cœur de ce qui nous fait vivre et même parfois donner notre vie. Cela ne peut pas être un échange de discours. Nous avons besoin d'une vraie conversation, d'homme à homme. Il faut du temps, et aussi de l'espace pour se rencontrer.

— *J'imagine que c'est à Créteil, peut-être plus qu'à Paris, que vous avez rencontré l'incroyance.*

— Il y aurait beaucoup à dire sur Paris, de ce point de vue-là. Mais c'est un fait qu'à Créteil il n'y avait plus les repères auxquels j'étais habitué. J'y ai rencontré bien sûr des chrétiens qui étaient des signes de la présence de Dieu, mais cette présence n'était pas du côté de l'évidence. D'abord, en arrivant, je ne connaissais personne. J'avais été auparavant aumônier de lycées, à Paris. Toute la journée, il y avait du passage à l'aumônerie, tandis qu'à Créteil, si je n'allais pas à la rencontre des gens, si je restais dans l'église, je ne voyais pas grand monde.

Je m'étais porté volontaire lorsque le cardinal Lustiger avait demandé si des prêtres parisiens accepteraient, pour quelques années, d'être mis à disposition des diocèses de la périphérie. J'ai donc été nommé vicaire pour la partie neuve de Créteil. À quelques stations de métro de Paris, c'était un monde tout à fait nouveau. J'avais toujours vécu dans la capitale, avec ses rues, ses boutiques, ses églises, des lieux qui avaient une histoire...

Là, je n'habitais pas un presbytère, mais dans une HLM. Dans un chou ! C'était un immeuble rond qu'on appelait « le petit chou », mais il ressemblait davantage à un ananas. Il y avait un grand centre commercial, le journal n'arrivait pas aussi tôt qu'à Paris...

Moi qui avais l'habitude d'accueillir, j'ai dû être accueilli. Je pense aux Africains, qui n'ont pas le même souci d'exactitude horaire que le milieu dans lequel j'ai grandi... On préparait un mariage qui devait être célébré tel jour à telle heure, ils arrivaient avec un sourire éclatant et trois quarts d'heure de retard. Au début, cela me mettait hors de moi. Mais en fait, ils se sentaient, à leur manière, chez eux à l'église, et c'était eux qui me recevaient dans leur communauté. Je ne devais pas forcément imposer mes manières de voir ou de faire. J'ai découvert des communautés qui rassemblaient des gens dont la vie était cabossée, dont le parcours avait été mouvementé, qui venaient de tous les horizons géographiques, historiques ou culturels. Convergeaient là des trajectoires disparates. Pour moi, c'était tout neuf, je n'avais connu jusqu'alors que des communautés relativement homogènes.

Comme je ne connaissais personne et que j'avais tout à découvrir, chaque rencontre était une bonne nouvelle, un lien nouveau avec cette réalité. Très vite, alors que les lieux me laissaient un peu en apesanteur, ce sont les gens qui sont devenus mes repères. J'ai véritablement fait l'expérience d'une Église constituée de pierres vivantes, et j'ai gardé là-bas beaucoup d'amis.

— *Et s'il fallait ne retenir qu'une chose de votre séjour à Créteil ?*

— Cela va paraître d'une banalité affligeante, mais j'ai découvert qu'on pouvait procurer à quelqu'un la joie de... donner. J'avais toujours eu l'idée que c'était au riche de donner, à celui qui est fort, qui possède. Il se doit d'être généreux et de partager sa richesse pour que l'autre, le petit, le faible, le pauvre, reçoive. Or à Créteil, j'ai vu mise en œuvre une tout autre logique, aussi bien par les prêtres et les personnes actives dans la communauté chrétienne que par l'évêque. Une logique qui consiste à demander aux plus petits ce qu'ils peuvent donner, en se mettant juste un peu en dessous d'eux, pour qu'ils puissent connaître cette joie de Dieu qui est précisément la joie de donner. Il faut savoir demander à quelqu'un ce qu'il sait et aimerait faire, ce qu'il aura du plaisir à mettre en œuvre pour le service de tous. J'ai vu des mendiants devenir des seigneurs parce qu'ils avaient découvert en eux des ressources insoupçonnées.

Je me rappelle cette femme qui était venue trouver un des prêtres pour lui expliquer qu'après la mort de son mari elle ne savait plus à qui elle pouvait être utile. Participer à des réunions ? Cela ne lui disait rien. Les bouquets ? Ce n'était pas son fort. Lire à la messe ? Elle était trop timide. D'ailleurs, y venait-elle régulièrement ? Finalement, le prêtre lui a demandé ce qu'elle aimait faire. « La cuisine, a-t-elle répondu, mais comme je n'ai plus d'enfants chez moi... » « Qu'à cela ne tienne, que diriez-vous d'accueillir une fois par semaine, pour déjeuner, les prêtres du secteur ? Ce serait vraiment super », a repris mon confrère. Croyez-moi, la vie de cette femme a changé ! Elle a trouvé sa manière de participer à la communauté et, finalement, a permis beaucoup de choses en préparant la cuisine avec cœur et en recevant les prêtres à sa table. C'était cela : offrir la joie de donner. De donner ce qu'on a, plus que ce qu'on est.

De même avec les jeunes de 4e et 3e. Il n'y avait pas d'aumônerie dans les écoles. Tels qu'ils étaient, ils sont venus, et nous les avons rassemblés. Ils n'étaient pas du genre à aimer les grandes discussions. Ensemble, avec les animateurs, nous avons réalisé des spectacles. Nous avons mis en commun tous les talents et fait l'inventaire de ce que chacun pouvait donner. Certains aimaient la musique, d'autres la technique, d'autres encore se régalaient en préparant les décors, ou en assurant la pub... Ils ont bientôt formé un groupe de soixante-dix jeunes. Nous avons vécu des moments formidables, toujours dans cette logique évangélique, où le pauvre n'est pas celui qui reçoit mais celui qui donne.

5

Dieu ne cesse de croire en l'homme

— Vous dites n'avoir jamais douté de Dieu. Mais de quel Dieu ? Celui qui envoie son fils au sacrifice pour racheter l'homme, comme on a souvent résumé la foi chrétienne ? Il faut vous expliquer un peu plus là-dessus.

— Commençons par le commencement. Dieu créa le ciel et la terre, lit-on dans le récit de la Genèse. De quoi est-ce le commencement, sinon de la révélation de Dieu ? Dieu se manifeste en cette œuvre magnifique, son chef-d'œuvre, l'homme, homme et femme, « à son image et pour sa ressemblance ». On peut dire, d'une certaine façon, qu'il nous crée pour se faire connaître à nous, pour que nous puissions partager sa vie, alors que nous n'existions pas. Pour avoir devant lui quelqu'un d'autre que lui à qui tout donner. Ce qui est premier, par conséquent, c'est le don de Dieu. Et toute l'histoire humaine, à la fois terrible et splendide, a pour enjeu cette découverte de Dieu par l'homme. Il va se laisser découvrir, et nous allons apprendre à Le connaître. D'abord à travers l'histoire du peuple qu'il s'est choisi, puis en se manifestant lui-même dans son Fils, Jésus. Dieu, nul ne l'a vu, mais le Christ est pour nous – et c'est indépassable – le visage de Dieu. La face humaine du Christ nous révèle le visage du Dieu unique. Tout est envisagé en Christ, pour reprendre la belle expression du P. Christian de Chergé, de Tibhirine.

Tout au long de cette histoire, la tentation constante de l'homme est d'attendre de Dieu une révélation spectaculaire. Le Christ lui-même, au désert, a été tenté de cette manière. Les Évangiles nous le rapportent : « Si tu es le Fils de Dieu, dis à ces pierres de devenir du pain... Jette-toi du haut du Temple... », autrement dit : « Si tu es le Fils de Dieu, manifeste ta puissance à la manière du monde, impose-toi, impressionne, pour que personne ne doute. » Mais le Christ a résisté à cette tentation. Dans l'élan de son baptême, il a choisi de manifester son Père sous le signe de la croix, c'est-à-dire de l'amour fou, de la vie livrée, offerte, donnée.

Ce n'était pas le Père qui envoyait son Fils au massacre, mais le Fils éternel du Père qui, dans l'Esprit, consentait pleinement à manifester l'amour comme seul il peut se manifester, en donnant tout. La question qui nous est posée est dès lors la suivante : allons-nous reconnaître Dieu sous ce signe-là ou continuerons-nous à l'affubler des masques de la puissance humaine ?

— Il y a bien cependant un enseignement du rachat. Du sang versé pour le péché...

— C'est vrai ! Qui peut sérieusement contester cette réalité du péché qui est une logique de la mort subie ? Passion et Résurrection sont les deux faces du même mystère. Je ne crois pas que le Christ ait été provoqué par le péché. Ce n'est pas le péché qui est premier, mais le péché qui s'est opposé à une offre initiale. Bien sûr, pour manifester le Père, le Christ a dû vivre, souffrir et mourir dans un monde marqué par le mal et le péché. Mais le salut, ce n'est pas essentiellement être sauvé du péché.

— Là, vous allez en surprendre plus d'un...

— Il y a un vrai débat théologique sur le « motif de l'incarnation », mais en tout état de cause, depuis le commencement, l'homme est appelé à reconnaître un salut qui le dépasse, à consentir à un bonheur et à une vie bien au-delà de ses forces, fût-il parfait. Il ne peut y avoir d'abord le péché et ensuite le salut pour les pécheurs. C'est même en recevant cette offre de vie divine, de communion personnelle et libre à l'Amour éternel, de filiation divine, que l'homme peut se reconnaître pécheur.

Se savoir pécheur, c'est reconnaître que nous manquons notre destination divine, repliés que nous sommes sur nous-mêmes, sur nos propres forces, faisant défaut à notre dynamisme intérieur. Aussi, lorsque l'homme ne reconnaît pas qu'il a une vocation qui le dépasse mais le comble dans ses désirs et dans son élan intérieur, il ne peut pas voir qu'il est pécheur. Voilà pourquoi le don de Dieu est premier, et non pas le péché. Voilà en quoi le salut, ce n'est pas par essence être sauvé du péché, mais devenir, en Christ, enfant du Père.

— *Et la croix, alors, que manifeste-t-elle de plus ?*

— La fidélité du Père à son dessein. Le Christ : Dieu qui donne tout, jusqu'à l'extrême. Qui est le Crucifié, sinon celui qui nous manifeste jusqu'où va l'amour de Dieu pour chacun d'entre nous ? Jusqu'au bout, dit l'Évangile. Et chacun peut dire : « Il m'a aimé et s'est livré pour moi », jusqu'à sa propre mort, jusqu'au don total de sa vie. « Il n'y a pas de plus grand amour que de donner sa vie pour ceux qu'on aime », dit Jésus, comme le rapporte saint Jean. Nous voyons, dans le Christ, le prix que le Père accorde à chacun d'entre nous. Il n'est pas possible d'aller plus loin pour manifester Dieu pour l'homme et l'homme pour Dieu. Dans le Christ, chacun d'entre nous est unique aux yeux du Père, chacun d'entre nous porte, pour le Père, un nom unique pour l'éternité. Et ceux-là mêmes dont on dit qu'ils ne valent rien – l'Évangile le souligne avec les deux brigands crucifiés à droite et à gauche de Jésus –, ceux-là valent la vie du Fils unique de Dieu.

Il ne s'agit pas du tout, contrairement à ce que certains s'imaginent, de dire que, puisque l'homme a commis un mal effroyable, le Père assoiffé de sang se venge sur son fils, comme s'il voulait, par-dessus le marché, la mort de l'innocent ! Et si le Christ a, comme il le confie à ses disciples, « un grand désir de célébrer cette Pâque », ce n'est ni par goût de la mort ni par désir de suicide, mais parce qu'il veut nous manifester ce qui est en jeu depuis le commencement : ce don de Dieu dont nous ne cessons de douter.

Alors nous pouvons comprendre la parole de l'apôtre Paul, dans l'épître aux Romains : « Que dire après cela, si Dieu est pour nous, qui sera contre nous ? Lui qui n'a pas épargné son propre fils [pour nous dire cet amour] mais l'a livré pour nous tous, comment ne nous donnerait-il pas aussi tout son amour ? Qui accusera les élus de Dieu ? [...] Qui nous séparera de l'amour du Christ ? La tribulation, la détresse, la persécution, la faim, la nudité, le péril, le glaive ? [...] Rien ne pourra nous séparer de l'amour que Dieu nous témoigne dans le Christ Jésus, notre Seigneur. » Rien ne peut nous séparer de cet amour que nous pouvons ne pas reconnaître... La Passion et la Résurrection – c'est tout un – ne constituent pas seulement la fin d'un épisode malheureux mais le commencement de notre avenir éternel, en jeu depuis le commencement et jusqu'à la fin des temps. Autrement dit, le par-don n'est pas seulement une réponse au péché, mais, dès le début, le don au-delà de tout don.

— *Ce qu'affirme Paul n'est pas si facile à comprendre. Pourquoi ne peut-on être séparé de l'amour du Christ ? Ce n'est pas l'effet de notre mérite, contrairement à ce que nous sommes parfois enclins à penser, mais le fait que l'amour du Christ est allé jusque-là.*

— Parce que l'amour est allé au plus profond de toute séparation, dans la nuit la plus extrême, au fond du gouffre, là où nous nous savons, où nous nous sentons coupé de tout, privé de toute relation avec la vie, et même séparé de nous-même. Le Christ en donnant sa vie vient, dans l'impasse mortelle où nous sommes, ouvrir le passage et, là, il rejoint le dernier des hommes.

Il ne nous aime pas parce que nous sommes aimables, mais il vient nous rendre aimables parce qu'il nous aime. C'est le monde à l'envers, un bouleversement dont l'Évangile nous dit qu'il est compris par le peuple de l'ombre, celui que l'on dénonce très souvent, ceux des bas-côtés de la route, les boiteux, les estropiés, les aveugles, les étrangers, les Samaritains, la Syro-Phénicienne... Un bouleversement qui est préparé depuis le commencement et que l'on relit à la lumière de Pâque.

Je le répète, l'enjeu, c'est la vie nouvelle des enfants de Dieu. Personne ne peut devenir par lui-même enfant de Dieu. À supposer que l'homme parfait existe, même en le prolongeant indéfiniment, en l'étirant comme un élastique dans l'espace et dans le temps, jamais on n'en fera Dieu. C'est d'un « autre ordre », affirme Pascal. Nous ne pouvons devenir enfants de Dieu, réellement, nous ne pouvons entrer dans l'intimité du Dieu vivant, Père, Fils et Esprit, dans la communion de l'amour, que si nous accueillons le don qu'il nous fait. On l'accueille à la fois pour soi et pour tous. L'Esprit nous porte à cette perfection-là, celle de l'Enfance divine, qui n'est pas de l'ordre du mérite ou de la morale. Le mérite et la bonne conduite viennent en conséquence.

– Pourtant, nous sommes habitués à voir le salut et le péché comme une question de morale.

— Le péché, c'est de se fermer au don de Dieu. Le péché empêche la vie de passer. Nous nous trouvons là sur le terrain de la foi et de l'espérance. C'est ne pas croire à ce qui nous est offert, c'est refuser d'accueillir le don. Le péché s'oppose à l'élan intérieur par lequel nous aspirons à devenir ce que nous sommes appelés à être : enfants de Dieu. C'est une déviation de cet élan, parce que nous ne supportons pas de ne pas être Dieu par nous-mêmes.

— *En hébreu, pécher, c'est manquer la cible.*

— Oui et saint Paul s'exclame : « Ayez l'Amour pour cible ! » Mais souvent nous nous contentons de beaucoup moins. Je crois vraiment que le péché c'est se contenter de peu. Je reviens, une nouvelle fois, à la parabole de l'enfant prodigue : tout lui est donné, mais il veut « sa part », c'est-à-dire une part seulement du tout qui lui est donné. Il veut trop peu, en définitive. L'homme n'a pas à arracher quelque chose à Dieu, à exiger quelque chose de Lui, il est invité à consentir – c'est son honneur et sa liberté – au don total que Dieu lui fait.

Parfois, il nous est difficile de recevoir. Le don nous semble humiliant, parce que recevoir c'est aussi se reconnaître pauvre, insuffisant à soi-même... Je suis convaincu pour ma part que l'homme est un être doué de la capacité – au sens non seulement de la possibilité, mais aussi du réceptacle – d'accueillir ce don. Et l'homme, c'est nous. Nous sommes appelés à ressembler à Jésus qui donne tout parce qu'il accueille tout. « Voici l'homme ! » dira justement Pilate. C'est à la fin que nous devenons vraiment nous-mêmes. Voilà la logique de l'Évangile, voilà la Bonne Nouvelle !

— *Si je vous comprends bien, il faut partir non pas de ce que nous avons, mais de ce qui nous manque.*

— En effet, la reconnaissance de ce qui nous manque, loin d'être déprimante, est remplie d'espérance. Elle devient une promesse. Que dit le Christ au jeune homme riche ? « Une seule chose te manque... » Et il ajoute avec un humour stupéfiant : « Ce que tu as, vends-le. » Autrement dit, ce que tu as te manque vraiment dans la mesure où tu ne t'aperçois pas de ce qui t'est offert et qui est déjà là gratuitement. Et ce que ce jeune homme riche a, devant lui, offert, ce n'est rien de moins que le Christ ! Il nous faut reconnaître d'abord que nous manquons d'amour et que cet amour, pourtant, nous est offert ; reconnaître encore que nous sommes capables de l'accueillir et d'aimer. C'est ce manque-là qui devient notre richesse.

— *Le manque serait une grâce ?*

— Il est en lui-même un don. C'est exactement ce qui se dit dans l'échange des consentements lors d'un mariage : sans toi, je ne serai jamais moi, si tu me manques, je ne deviendrai pas moi-même. Il n'y a que l'amour qui comprenne une logique pareille. Une logique divine, c'est-à-dire une « théo-logique ».

— *Au fond, contrairement à ce qu'affirme le discours de la publicité, ce qui nous singularise, ce n'est pas tant ce que nous possédons ou ce que nous consommons, que ce qui nous manque, ces limites face auxquelles se dessine notre personnalité.*

— On peut dire que nos signes extérieurs de richesse, nos possessions, nos réussites nous définissent : ils déterminent notre poids social, économique, voire politique. Mais plus nous sommes ainsi définis, plus nous sommes enfermés, casés, catégorisés. Le plus original de chacun d'entre nous est ailleurs. Le pauvre, d'une certaine façon, est « in-fini ». Pour lui, il est possible de tout accueillir, tout est libre. Tout est ouvert, tout est offert.

Or nous voilà devant une autre logique, celle de l'amour, de la prière, du temps pour Dieu, de la conversation, du cœur à cœur, loin de l'efficacité, de la rentabilité. Nous sommes ici dans l'indicible. Saint Augustin dira : « Seuls ceux qui aiment comprendront. » Ceux-là savent le bonheur de se désapproprier d'un certain nombre de choses pour être avec l'autre. Il est beaucoup plus important de « perdre du temps » avec quelqu'un que d'accumuler des biens pour demain. Le présent d'une présence est beaucoup plus plein que cette accumulation...

Cette logique d'amour ne se démontre pas, elle s'expérimente. C'est en la vivant qu'on la découvre. C'est d'ailleurs une des difficultés de l'annonce de l'Évangile. Les gens ne peuvent pas entendre Dieu leur parler, s'ils n'ont pas la conviction que Dieu les aime. Or très souvent, ils s'imaginent – et c'est en grande partie de notre faute – que Dieu ne les aime pas et qu'il n'aime pas le monde. Ou, du moins, que ceux qui le suivent n'aiment pas le monde. Il est sûr que nous ne dirons rien d'essentiel aux hommes et aux femmes de ce monde, si notre attitude – avant même notre discours – ne manifeste pas que nous sommes les disciples de celui qui a aimé le monde à la folie.

— *Sans doute avons-nous affadi le message. Peut-être n'en ressentons-nous pas toute l'intensité...*

— Quand on relit les Pères de l'Église, on découvre une force terrible, y compris dans les mots. Un goût formidable de la vie, un appel du large. Ne nous sommes-nous pas trop résignés, parfois, à ce que les gens ne découvrent pas cette vie ? Si ce don de Dieu est véritablement vital pour nous, nous ne devrions pas pouvoir nous faire à l'idée qu'un seul homme ne le connaisse pas. On ne peut pas dire Père, si l'on ne reconnaît pas qu'il est le Père de tous : Sa volonté, c'est qu'aucun ne se perde. Dans ces conditions, il est inimaginable d'en rester à son petit salut individuel et portatif. Peut-être que nous ne sommes pas, dans un certain sens, assez violents, non de la violence qui tue, mais de celle qui manifeste l'urgence de l'amour.

— *Encore une insurrection ?*

— Oui, cet amour est insurrectionnel. Dans un infini respect de chacun, certes, mais sans affadir le message, parce que le camp de Dieu ce n'est pas les uns qui auraient raison contre les autres, le camp de Dieu c'est l'homme dans toute son unité et toute sa diversité – son

« unidiversité » disait François de Sales –, sans qu'aucun ne se perde. Voilà ce qu'il faut sans cesse redécouvrir pour être ensemble l'Église « pour la gloire de Dieu et le salut du monde ».

— *Je vous demandais tout à l'heure de quel Dieu vous n'aviez pas douté, mais croyez-vous au diable ?*

— Je ne le prends pas pour Dieu. C'est une créature. Une créature spirituelle. Mais je ne peux pas nier que depuis le commencement – et jusqu'à la fin des temps – les hommes font l'expérience du combat spirituel. Rimbaud dit, à juste titre, que « le combat spirituel est plus terrible que les batailles d'hommes ». Et faisant cette expérience, les hommes ont rencontré ce tentateur, ce diviseur, cet accusateur. Cela non plus, je ne peux pas le nier. C'est une créature subtile – je ne vois pas ce qui empêcherait Dieu de créer de purs esprits –, capable d'insinuer en nous le doute, la suspicion, la méfiance, en laissant entendre qu'il n'y a pas de don de Dieu ou qu'il n'existe pas sans arrière-pensée, qu'on n'a pas intérêt à l'accueillir. C'est de cela qu'il est question dans la Bible, des premières aux dernières pages, chaque fois que le diable est évoqué.

— *Parler du diable, n'est-ce pas en revenir à l'obscurantisme ?*

— On pourrait penser, effectivement, que le diable est une figure des temps les plus reculés, dont l'homme se débarrasserait en devenant plus cultivé, et qu'aujourd'hui nous n'en avons plus « besoin ». En fait, si on lit bien la Bible, on constate que le mouvement est exactement inverse : le diable est infiniment plus présent dans le second Testament que dans le premier. Il se déchaîne en présence de Dieu fait homme, comme s'il ne supportait pas l'Incarnation. Ce contre quoi le diable se dresse dès l'origine, c'est le projet de Dieu pour l'homme. Il s'oppose radicalement à la vocation de l'homme d'entrer dans l'intimité de Dieu et de la partager.

Dès les premières pages de la Genèse, il met en doute le projet de Dieu, sa Parole adressée à l'homme. C'est ce dessein divin pour l'homme qu'il ne supporte pas et qu'il veut contrecarrer. Le diable préférerait, à la limite, si l'on peut s'exprimer ainsi, que Dieu reste tout là-haut et l'homme ici-bas, sans cette relation entre l'un et l'autre, sans cette union indissociable que vient réaliser le Christ. Tout au long de sa vie publique, depuis son baptême jusqu'à la croix, le Christ combat – victorieusement – cet adversaire et cet accusateur de l'homme. Il triomphe de celui qui est « homicide depuis le commencement ».

Le Christ et son Esprit, le Paraclet, le Défenseur, sont du côté de l'homme, tandis que le diable nous met en tentation de douter de l'homme, de sa grandeur et de sa dignité. Et il avance, pour cela, des raisons bien charpentées. Nous savons tout ce que l'homme a pu commettre d'effroyable, en particulier au siècle dernier, nous connaissons sa cruauté raffinée dont les animaux sont incapables... Et nous sommes tentés de « laisser tomber » l'homme en pensant qu'il ne vaut rien, qu'il est épouvantable. Voilà la tentation diabolique, qui laisse croire au passage que le diable n'a pas d'existence, que l'homme suffit seul à cette désespérance.

Pour ma part, j'ai la conviction que croire en Dieu nous demande de croire en l'homme. Parce que nous croyons au Christ et en sa révélation, nous avons, osera dire Paul VI à la fin du concile Vatican II, le « culte de l'homme ». Nous affirmons, en Christ, la grandeur de chaque être humain, une grandeur qui rend chaque personne unique, qui appelle chacun à avoir un nom pour l'éternité, inscrit dans le cœur de Dieu. Et le diable ne cesse de susurrer : « Mais ça, rien ne le prouve ! »

— *N'est-il pas troublant de découvrir, dans le prologue du livre de Job, une conversation entre Dieu et Satan, qui semblent s'entendre pour mettre l'homme à l'épreuve ?*

— J'aime beaucoup ce prologue, précisément parce qu'il montre que Dieu croit en l'homme, alors que le diable veut insinuer en Lui le doute. « Job est juste, lui dit-il, parce qu'il a tout pour être heureux. Mais il suffit de le toucher dans ses biens et dans ses affections et tu verras ce qu'il dira de toi. » Or Dieu ne doute pas un seul instant de Job, il est persuadé que, même dans le pire des malheurs, celui-ci restera fidèle. Au point qu'il laisse le diable s'en prendre à Job. Lequel ne cesse, au plus profond du désespoir, d'affirmer sa relation au Dieu vivant. Il ne cesse d'en appeler à Lui, contre les apparences. Il clame son innocence, alors que ses amis veulent le convaincre qu'il a péché, croyant trouver là de quoi justifier sa détresse. Mais Job veut entendre Dieu lui parler pour comprendre ce qui lui arrive. Quand Dieu finit par lui répondre, en le remettant à sa place – « Tu n'es pas Dieu, tu ne connais pas mes pensées, moi qui suis le Créateur » –, Job s'incline, mais du début à la fin il a cru en Dieu, comme Dieu a cru en l'homme !

Ainsi le diable est-il celui qui veut nous atteindre dans notre relation singulière au Dieu vivant. Il y a une manière de parler de Dieu qui est désespérante pour l'homme, comme il y a une manière de parler de l'homme qui nie Dieu. Et la tentation diabolique se poursuit, en nous opposant les uns aux autres, en mettant en cause la fraternité humaine, celle dans laquelle nous sommes appelés à reconnaître n'importe lequel d'entre nous comme un frère ou une sœur du Christ.

— *N'importe lequel ?*

— Oui, cela va très loin. Je pense encore à l'enterrement de cet enfant assassiné. À celui qui a commis ce crime effroyable. Eh bien ! il y a un combat spirituel à mener, un combat loin d'être évident, qui prend du temps et mobilise les forces les plus grandes : celui qui nous conduit à reconnaître dans ce bourreau, dans cet assassin, un frère en humanité, un frère en Dieu. Si nous n'allons pas jusque-là, alors, comme dit le Christ, « les païens en font autant » et nous n'avons rien d'original à annoncer. Dans cette situation, la tentation diabolique, c'est de conclure que cet homme est un monstre et de le retrancher de l'humanité. Mais, en vérité, c'est impossible.

— *Le diable ou plutôt le Satan, puisque c'est ainsi qu'il est désigné, est présent, vous le rappeliez, dès le livre de la Genèse. Cela nous amène au péché originel. Voilà encore une notion bien difficile à comprendre.*

— Pascal dit même que c'est un mystère incompréhensible, mais que, si on supprimait le péché originel, la condition humaine serait encore plus incompréhensible. Il faut d'abord noter qu'il s'agit d'une expression proprement chrétienne, qu'on ne trouve pas dans l'Ancien Testament. Nous ne pouvons rien en percevoir si nous ne nous mettons pas dans la perspective du Christ, l'Adam véritable, celui qui est, depuis le commencement, l'homme selon le cœur de Dieu. Dans cette dynamique, la question est moins celle des origines que celle de l'originalité humaine, de la destination divine de l'homme. Celle, encore une fois, de l'offre qui lui est faite de devenir enfant de Dieu. Le péché originel, c'est la désorientation, la perte du sens et de la direction de cette aventure. C'est l'homme voulant s'accomplir par lui-même, alors que le Fils, tout Fils de Dieu qu'il est, ne s'accomplit qu'en s'en remettant à son Père, en laissant se déployer en lui la force du Père, librement, sans contrainte. Voilà, me semble-t-il, ce que signifie l'expression « péché originel » : l'originalité humaine est faussée, notre mouvement vers le Père est dévié. Nous perdons notre élan fondamental et nous retombons sur nous-mêmes. Nous ne sommes plus ajustés à notre fin divine.

Dans cette volonté de parvenir à notre fin par nos propres forces, nous refusons de mourir à nous-mêmes, et la mort en demeure marquée : depuis lors, elle est vécue avec angoisse comme la fin de tout, alors que dans cette mortalité qui est la nôtre nous étions faits pour accueillir, en toute liberté, la vie éternelle. On ne peut pas comprendre le péché originel si on ne reconnaît pas en Christ celui qui manifeste à l'homme sa vocation et lui permet de parvenir à sa destination, en se remettant pleinement à Son Père.

— *Beaucoup voient dans le péché originel une forme de culpabilité collective, héritée, qu'ils rejettent.*

— Comme je l'ai déjà dit, le salut n'est pas une aventure individuelle. Nous sommes solidaires de toute l'histoire humaine. Même si nous vivons 35 000 ans après *homo sapiens sapiens*, nous faisons partie d'une aventure qui a commencé bien avant nous, et aucun être humain ne peut dire : « Quand j'arrive au monde, je ne suis pas solidaire de ce qui s'est passé avant moi. » En vérité, je suis, d'une certaine façon, marqué par ce qui m'a précédé. Mais en même temps cette solidarité est plus grande, plus positive que cela, elle participe de la communion avec Dieu et en Dieu. Elle prend corps, elle trouve toute son unité dans le Christ qui assume toute l'histoire et lui redonne son dynamisme et son orientation.

— *Le baptême est donc ce qui nous libère de la part négative, obscure, de cette solidarité.*

— Oui, et plus encore, car il nous rend capables d'être les artisans de cette vraie solidarité des vivants pour la vie éternelle, en Christ et avec tous ses frères. C'est pour cela que sont indissociables les deux commandements de l'amour de Dieu et de l'amour des autres. Comment pourrait-on dire « Notre Père » à Dieu si nous renions un seul de ses enfants ? Comment dire à Jésus « Reste avec nous » et dans le même temps dire à un autre « Casse-toi ! » ?

— *N'est-ce pas un des comportements fréquents de nos sociétés de refuser de reconnaître qu'il y a aussi une forme de solidarité dans le mal ? Je pense à cet enfant assassiné que vous évoquiez. Peut-on seulement considérer que cette tragédie est le fait d'un homme isolé, peut-être fou, sans s'interroger sur ce qui l'a conduit là ? Ne sommes-nous pas, d'une certaine façon, pour une part solidaires ou responsables de ce geste effroyable ?*

– Ne disons pas : « Nous sommes tous coupables. » C'est injuste et désespérant. En revanche, il est légitime et nécessaire de se sentir responsables les uns des autres. D'abord des victimes. Cela paraît heureusement évident à tous les hommes de bonne volonté. Dans le drame que vous rappelez, je pense aux parents et au fait de les entourer dans ces moments terribles. Ensuite, il faut du temps pour que, peu à peu, nous nous sentions responsables aussi du coupable, parce que nous avons aussi à répondre de notre avenir commun. Alors, oui, peut-être reconnaîtra-t-on que la société – c'est-à-dire nous – a laissé faire des choses qui n'auraient pas dû être tolérées, des choses qui peuvent rendre fou.

Je suis frappé de constater qu'un certain nombre de violeurs ont été souvent eux-mêmes des gens agressés, qu'il y a eu des blessures qui n'ont pas été soignées, qui n'ont pas été écoutées. On n'a pas laissé croire qu'il était possible de les dire, voire de les crier...

Il est normal de s'interroger ainsi pour la suite. Nous devons faire en sorte que les mêmes causes ne reproduisent pas les mêmes effets. Devant des malheurs épouvantables comme cet assassinat d'enfant, il est tragique de croire qu'il y a un engrenage du malheur. L'honneur et la grandeur de l'homme, c'est de casser l'engrenage. On peut refuser et briser la fatalité. L'histoire nous a fait connaître des hommes qui ont refusé un prétendu inexorable, qui ont été le grain de sable... En 1940, un micro, une voix, à Londres, ce n'était rien ou presque !

Et comment ne pas voir que, dans certaines situations, le pardon – qu'on ne peut jamais exiger, qu'il faut accueillir comme un don – casse l'engrenage du malheur. Lorsque j'étais jeune vicaire à Saint-Pierre-de-Chaillot, j'ai connu des parents dont la fille avait été assassinée par un amoureux éconduit. Ils étaient ravagés de douleur par la mort de leur enfant. Pourtant, lors du procès, ils ont demandé qu'on laisse une chance à l'assassin de leur fille. Ils l'ont aidé à reprendre pied. Ils se sont sentis responsables de lui, et ce n'était évidemment pas par manque d'amour de leur fille. Ils l'ont dit très simplement, parce que pour eux c'était la vérité, c'était leur manière de dire et vivre leur foi. Et ils ont sauvé cet homme !

6

Retrouvons le goût de l'aventure spirituelle

— *En 1988, vous êtes revenu au séminaire, mais comme professeur, cette fois-ci.*

— En effet, j'y ai enseigné l'anthropologie théologique. Lorsqu'on m'a sollicité, j'ai répondu que, si je devais faire des cours, ce serait pour parler de l'homme.

— *Mais vous n'avez pas seulement donné des cours, puisque vous étiez aussi directeur spirituel. En quoi cela consiste-t-il ?*

— Il s'agit d'accompagner quelqu'un qui a entendu l'appel du Seigneur dans sa vie et veut y répondre sous la forme du ministère presbytéral. On va ainsi l'aider à discerner – lui-même, car on ne se met pas à sa place – si c'est bien cela qui lui est demandé et s'il va pouvoir mobiliser dans sa réponse tout ce qu'il est. Car l'histoire d'une vocation n'est pas celle de Cendrillon, avant ou après minuit : celui que Dieu appelle n'est pas transformé d'un coup de baguette magique. Il ne devient pas un autre homme. Avant ou après sa rencontre de Jésus ressuscité, saint Paul a toujours le même caractère, beaucoup de caractère, si vous voyez ce que je veux dire... Mais il assume tout et engage tout ce qu'il est au service de Celui qui l'appelle et des frères auxquels il est envoyé. Le directeur, ou le père spirituel, prépare celui qu'il accompagne à dire « Me voici », en toute liberté et connaissance de cause, s'il y consent.

— *Comment cela se passe-t-il ?*

— Cela commence par l'écoute. Écouter quelqu'un qui peut être très différent de soi, dont la rencontre personnelle du Christ peut être très éloignée de la nôtre. Il faut donc se garder de ramener ce que l'on entend, ce que l'on observe, à sa propre expérience, ou de vouloir en faire un de ses disciples. C'est un disciple du Christ qui est appelé, pas un disciple de Pierre, Paul ou Jacques. J'écoute ainsi quelqu'un sur la route qui est la sienne, avec ses mots, sa famille spirituelle – et il y en a beaucoup –, son histoire, ses expériences, ses paysages, ses visages...

Il faut aussi lui permettre d'écouter lui-même ce que d'autres – qui ne le connaissent pas de cette manière si intime, au for interne – disent de lui. Il faut savoir que, dans un conseil de séminaire, le directeur spirituel n'a pas la parole, il n'a pas à se prononcer sur l'appel au sacerdoce de celui qu'il accompagne. Même si, parfois, parce qu'il connaît mieux que les autres le séminariste qu'il accompagne, il peut être tenté de vouloir « rectifier » tel ou tel jugement ou appréciation. C'est donc une écoute des deux oreilles. Écoute de celui qui se dit, comme de ce qu'on dit de lui. Cela permettra, éventuellement, au séminariste de se rendre compte d'un décalage entre l'image qu'il pense donner de lui-même et celle qui est reçue, entre ce qu'il entend et ce qui est dit... L'espace est ainsi ouvert, pour celui qui chemine vers le sacerdoce, à un discernement afin que se noue le dialogue entre le Seigneur et ce jeune homme.

— *Cela impose, j'imagine, au directeur spirituel, une forte exigence de détachement de soi.*

— La première chose, en effet, c'est de nous désapproprier sans cesse la parole qui est pour nous, afin d'aider l'autre à entendre la parole qui s'adresse à lui, pour qu'il y réponde personnellement. On pourrait croire que c'est facile, puisqu'il est simplement question d'un prêtre qui se rend attentif à quelqu'un qui veut à son tour devenir prêtre. Mais c'est nettement plus délicat et plus complexe, car, si c'est bien le même Seigneur qui appelle, si c'est bien la même mission à laquelle il s'agit de travailler en son Nom, le chemin est unique, la relation de chacun à celui qui l'appelle est singulière. C'est cela qu'il faut laisser venir au jour et respecter. Le séminariste peut avoir une vie de prière beaucoup plus intense que son directeur spirituel. Il faut alors savoir, avec une vraie humilité, se mettre au service d'un autre en reconnaissant qu'en lui la Sagesse du Seigneur nous précède. C'est bien ce qui est arrivé à Ananie, lorsqu'il a été envoyé vers Paul à Damas, juste après sa rencontre du Ressuscité.

— *Qu'avez-vous gardé de ces années d'une écoute si particulière, si intense ?*

— J'y ai appris l'extraordinaire richesse du Christ, la diversité étonnante des chemins qu'il prend. Cela m'a invité à ne pas le réduire à l'expérience que j'en ai. Il est infiniment plus vaste, plus généreux, plus créateur que je ne l'imagine. Parfois, j'ai envie de lui dire : « Tiens, je ne savais pas que Tu agissais aussi comme cela, que Tu prenais ce genre d'initiative. Tu ne cesseras donc jamais de m'étonner ! »

Dès lors, devant des gens qui ne me ressemblent pas, pour lesquels je n'éprouve pas forcément *a priori* de sympathie psychologique ou spirituelle, je m'interroge : « Qu'est-ce que le Seigneur a pu leur trouver pour les appeler ? » Cela peut même me sembler un peu bizarre de sa part. Puis, je découvre des richesses en chacun d'eux, des choses qui ne se voyaient pas, des trésors de générosité, de disponibilité, d'intelligence qui ne se connaissent que de l'intérieur. Une personne, c'est toujours infiniment plus grand, plus beau, plus riche qu'on ne le croit. De l'extérieur, on ne peut pas l'imaginer. Assez vite, on perçoit les blessures, les souffrances, les vulnérabilités... Les défauts sautent aux yeux. Il suffit de les amplifier pour faire une caricature. Mais un portrait, c'est toute une histoire. Là où il vous semblait surtout y avoir des creux et des bosses, il y a aussi des éclats, des promesses, des richesses cachées. « L'essentiel n'est-il pas, en effet, invisible pour les yeux ? »

Finalement, j'ai découvert une chose très importante. Comme beaucoup de gens, sans doute, j'aurais volontiers dit qu'avec le temps les histoires d'amour risquaient de s'épuiser, de s'affadir. La routine, l'étonnement qui disparaît... Mais dans cette écoute des réponses intimes de l'homme à Dieu vivant – le cœur même d'une histoire d'amour –, j'ai vu que plus on connaît l'autre, plus on est heureusement surpris. Je n'ai pas été déçu une seule fois en connaissant mieux quelqu'un de l'intérieur. Celui qui juge trop vite se trompe toujours, parce qu'il s'attache au moins bon. Ce n'est qu'en commençant à entrer, si l'autre nous y invite, dans son dialogue intérieur avec le Seigneur – ce qui est en grec le dialogue par excellence : la pensée intime – que l'on découvre le plus beau. Là se tient sans doute le secret des couples qui ne se perdent pas dans la routine : il faut toute une histoire d'amour pour découvrir véritablement quelqu'un dans l'entière vérité de son être. Si l'on ne voit rien de bon chez quelqu'un, c'est sans doute qu'on n'a pas passé assez de temps avec lui.

— *Cependant, il faut parfois traverser de sacrés silences, de longues nuits et de violents orages.*

— Oui, des silences et des cris. Personne ne peut échapper à cette traversée. C'est sans doute le plus difficile pour les plus jeunes : dès que surgit une incompréhension ou un conflit, il leur semble, le plus souvent, que tout est fichu. Mais c'est en ayant le courage d'affronter le temps comme il est, sans vouloir artificiellement le dépasser ou y mettre un terme, que l'on découvre à qui l'on tient et ce qui est le plus fort... Aujourd'hui, on idéalise puis on déchante. En réalité, rencontrer la nuit, l'orage, n'est pas la preuve que l'on ne s'aime pas. Au contraire, la preuve d'un amour véritable, c'est de les avoir traversés ensemble.

— *La vie spirituelle, car c'est bien de cela qu'il est question, n'est pas toujours envisagée sous cet angle. Souvent, on se situe du côté des émotions, des sentiments. D'ailleurs, dans les communautés chrétiennes, il n'est pas si facile d'en parler.*

— En effet, nous ne nous plaçons pas spontanément sur ce terrain, pourtant décisif. Il est plus courant d'en rester aux questions psychologiques, sociales, politiques ou encore biologiques. Certes, elles sont très importantes, mais si, dans les communautés chrétiennes, nous n'inscrivons pas toutes ces questions dans la perspective spirituelle, qui le fera ? En principe, nous y croyons, nous en vivons. Alors ?

De nos jours, lorsqu'il y a un accident, une catastrophe, on met en place, à juste titre, une structure de soutien psychologique pour les victimes. Je crois que nous avons autant besoin de pouvoir échanger sur le terrain spirituel, qui a la Vie pour enjeu. Si nous le faisions davantage, notre parole aurait une plus grande résonance, elle apparaîtrait moins comme un discours convenu où l'on sait ce que chacun va dire avant qu'il n'ait ouvert la bouche. Nous avons besoin de nous encourager, alors que nous manifestons souvent de la retenue, pour ne pas dire de la méfiance...

Cela me rappelle une chose qui m'est arrivée, lorsque j'étais jeune prêtre. Des jeunes filles de la JICF [1] me réclamaient des réunions. Je leur avais répondu que je ne voyais pas comment faire avec mon agenda, sinon vers 6 h 30 du matin. Elles avaient pris ça au sérieux, et, pendant un an, trois équipes sont venues vers 6 h 45. Avec des croissants, heureusement. Figurez-vous que quelqu'un s'en est ému et a écrit au nonce pour lui dire

1. La Jeunesse indépendante chrétienne féminine.

que je recevais régulièrement des filles ! Le cardinal Marty en a été informé, c'est lui qui m'a remis la lettre en me disant : « Ah bon ! si elles viennent en groupe... » Moi, j'étais un peu choqué en découvrant cette dénonciation. Je suis reparti en Mobylette. Près du drugstore Publicis, je me suis arrêté au feu rouge. Une prostituée qui m'a paru très jeune s'est approchée en me faisant des avances. Je lui ai répondu simplement : « Non merci, madame. » Elle s'est mise à pleurer en hurlant : « Pourquoi tu m'appelles madame, tu sais bien que je suis une pute ! » Le feu est passé au vert, et moi, lâchement, j'ai démarré.

C'est sans doute le moment que je regrette le plus de mon existence. J'avais là une occasion de lui annoncer l'Évangile ! Je lui avais dit « madame », comme on dit « Notre Dame », parce que, de fait, c'était bien la vérité de sa dignité, la vérité de sa vocation. Elle ne se réduisait certainement pas à « être une pute », comme elle le croyait. J'aurais dû prendre le temps de le lui dire. Mais il y avait cette lettre de dénonciation et j'ai pensé : « Si, en plus, quelqu'un me voit parler à cette fille... »

Je ne raconte pas cela pour me dédouaner, mais parce qu'il est très important qu'entre chrétiens nous nous aidions à avoir une parole libre et courageuse, plutôt que de chercher à être confortables, tranquilles. Si nos communautés veulent se mettre à hauteur de l'Évangile, si nous voulons susciter des vocations, c'est ce sens-là qu'il faut retrouver, ce goût de l'aventure spirituelle... Pourquoi se réunir, si ce n'est pas pour nous y préparer ?

— *Comment y revenir ?*

— Je n'insiste pas davantage sur la Parole de Dieu, mais me permettez-vous un mot sur la littérature ? Elle peut paraître légère, superficielle, mais elle peut nous aider à retrouver ce goût. Évidemment, il faut y consacrer du temps... En fait, on ne peut pas lire les grands auteurs – qu'ils soient croyants ou non, d'ailleurs – sans se situer sur ce terrain-là, qui est celui de l'âme, celui du cœur à cœur. Paradoxalement, les œuvres de fiction nous y conduisent. Il n'est pas indifférent d'accueillir le témoignage de Claudel qui nous dit l'importance des *Illuminations* de Rimbaud. Celui-là n'est pourtant pas un enfant de chœur, encore moins mandaté par l'Église, mais, comme tout véritable artiste, il a le sens du spirituel, le sens de l'âme, le sens de la représentation de l'invisible, et il faut même dire de l'invisible présent.

C'est aussi vrai pour des peintres comme Klee, Picasso, évidemment Chagall, Van Gogh, Brueghel, Le Caravage et bien d'autres. Et je n'oublie pas les musiciens. Enlevez la dimension du combat spirituel, et il n'y a plus de Verdi, plus de Messiaen...

L'important n'est pas du tout que l'artiste représente des scènes ou des thèmes chrétiens. Il peut même être tout à fait anticlérical, il n'empêche que cette dimension

« du combat spirituel plus terrible que les batailles d'hommes », pour reprendre ce mot de Rimbaud que je n'oublie jamais, se retrouve dans les grandes œuvres. Chez Céline, chez Gide, même si cela peut surprendre. Mais il est vrai que, de nos jours, l'attention à la littérature n'est peut-être plus aussi forte qu'au milieu du XXe siècle. Pourtant, c'est là que sont souvent suggérés ou évoqués ces grandes questions, ces grands combats intérieurs. Voilà pourquoi Mauriac, Bernanos, Dostoïevski et d'autres nous parlent encore aujourd'hui. Mais on ne retrouve plus ces conversations entre nous et ces débats autour de la littérature. Nous ne devrions pas déserter ce terrain-là.

— *On parle souvent de la culture contemporaine comme d'une culture de mort, parce qu'elle évoque des choses difficiles et sombres, parce qu'elle est habitée par le tragique, la mort, le sexe. Cela dit, Molière et Shakespeare, ou Dostoïevski, pour ne citer qu'eux, ce n'est pas rose bonbon, loin s'en faut.*

— Oui, cela peut faire peur. Cela peut bousculer l'Église, et nous avons parfois l'idée que le spirituel est le terrain « religieux » balisé avec des mots, des attitudes et des gestes bien identifiés. Savons-nous voir où le spirituel est réellement engagé, en toute vérité, parfois dans sa brutalité, parfois avec une force insurrectionnelle, parfois de manière « résurrective » (si je peux me permettre ce néologisme) ?

— *Nous voudrions généralement que la vie spirituelle soit un lieu de certitude.*

— Mais c'est bien plus incertain, cela vient de partout et cela nous surprend. Sous prétexte que nous sommes chrétiens, que le Christ est unique, nous rêvons d'être la voix unique. Mais en vérité nous sommes une voix parmi beaucoup d'autres. Et pour annoncer ce Christ unique, cet unique Sauveur de tous, il faut que nous osions mêler notre voix à d'autres voix qui n'ont pas les mêmes couleurs, les mêmes sonorités, les mêmes accents ni les mêmes mots... Cela nous est très difficile.

— *L'art devrait donc nous aider à retrouver le sens du spirituel. Vous avez évoqué la littérature, et notamment les poètes. Mais vous avez vous-même fait du théâtre, jusqu'à tout récemment.*

— C'est une passion qui remonte loin. Ma grand-mère nous emmenait au Châtelet écouter des opérettes. Je me souviens du *Général Dourakine*, c'était plein de couleurs, de chants, de musiques, de voix, de visages... tout un monde en mouvement devant moi. Il y avait aussi le cirque. Puis nous sommes allés à la Comédie-Française. Avec mon petit frère, ensuite, nous répétions ce que nous avions vu. Enfin, il me servait souvent de public. Je crois que ça l'assommait un peu. Je me souviens : j'avais entre sept et huit ans, lui cinq, je mettais en scène la *Symphonie du Nouveau Monde*, je faisais les gestes, le chef d'orchestre... avec cette intuition que la musique était faite pour le mouvement, pour que des personnages surgissent. Je lui demandais ce qu'il sentait... Rien du tout, en fait, mais au moins c'était inoffensif.

Il y avait encore... comment dire ? Charlot et Chaplin, les deux. Le personnage, le petit homme à la badine qui marche les pieds en canard, qui nous fait rire parce qu'il est maladroit, parce qu'il se casse la figure. Et puis la personne dont la vie est moins drôle : l'exilé, l'incompris. Au théâtre, ce qui est touchant, extraordinaire, ce sont ces personnes qui se mettent, avec tant de talent, au service d'un personnage, qui s'effacent devant lui. C'est unique à chaque fois. On joue le même texte, on fait les mêmes gestes, mais c'est toujours différent, parce que le public change, parce qu'on ne joue pas à l'identique... J'aime, dans le théâtre, cet éphémère qui échappe au temps, qui est un moment qu'on ne reproduira jamais, un instant d'éternité. On rejoint, comme en peinture, l'universel, l'homme qui traverse le temps et l'espace. C'est Eschyle, Sophocle, Shakespeare, Molière, Claudel... À cause de cela, le théâtre ne supporte pas d'être médiocre ou démagogique, il ne peut atteindre l'universel que lorsqu'il rejoint le plus personnel de chacun. Mais c'est un art par essence populaire, car les grandes questions du théâtre sont celles de l'homme : la vie, l'amour, la mort. Il va au plus mystérieux, au plus indicible, et finalement au plus grand. Parfois, cette immensité tient dans un silence...

— *Mais c'est aussi un jeu, le théâtre.*

— Certes, mais rien n'est plus sérieux que le jeu. Tout le scoutisme est là. Le jeu... un enfant s'y investit totalement. Il y met tous ses rêves, ses peurs, ses désirs. Le jeu n'est pas, contrairement à ce qu'on dit facilement, un moment d'évasion, c'est au contraire un moment d'invasion, parce qu'on laisse un instant la réalité être envahie par ce qui lui donne sens. Si je pense au théâtre, il me semble que le fil rouge de mon existence est là, dans cet esprit d'enfance.

— *Vous auriez aimé être comédien ?*

— J'ai pu en rêver ! Esprit, âme, corps, c'est si beau de tout mobiliser ! Je suis d'ailleurs bien obligé de penser que la liturgie est aussi – pas seulement, évidemment – une mise en scène, avec un auteur, et quel auteur ! Dieu lui-même ! Oui, il y a vraiment un aspect théâtral dans la liturgie, avec la participation du « public ». Mais pour revenir au comédien, il a deux grandes qualités qui me touchent : l'innocence et la générosité. L'innocence, l'esprit d'enfance, le regard neuf, la disponibilité, alliés à la joie d'offrir. Un comédien donne tout, dans l'instant où il joue. Il peut avoir mal aux dents ou des soucis, mais, quand il joue, il sert le personnage auquel l'auteur a donné vie. Avec beaucoup d'humilité aussi car, au théâtre, il faut savoir mettre l'autre en valeur, en particulier quand on ne dit rien. Si l'on se contente d'attendre de pouvoir lancer sa réplique, tout s'écroule. Chacun s'efface derrière ce qui est à représenter, de l'auteur jusqu'au dernier des machinistes.

Je trouve toujours chez les comédiens quelque chose qui me fait penser au Christ. Peut-être cela : l'innocence, la générosité, l'humilité... C'est pourquoi la peinture de Rouault me bouleverse. Il peint le Christ et le clown, le même visage. Un jour ce visage fait rire les enfants, un autre, il fait devenir enfants les adultes... C'est bien ce qui est écrit dans le prologue de l'Évangile de Jean : « À tous ceux qui l'ont reçu, Il a donné le pouvoir de devenir enfants de Dieu. »

— *Quel a été votre premier rôle sur scène ?*

— Ce n'est pas tout à fait le premier, mais, vous allez rire, j'ai joué Judas, dans un gospel que nous avions monté avec les jeunes du patronage. J'espère que ce n'était qu'un rôle de composition.

— *Quel personnage, de toute façon !*

— Oui, un personnage très énigmatique qui continue à poser question. Pourquoi a-t-il tenu ce rôle, était-ce même un rôle ? Et, si on lit bien l'Évangile, on constate qu'au moment où il va s'en aller pour trahir il est le seul à qui Jésus dit « Ami ». Cela ne peut pas être une façon de parler ou un trait d'humour noir. C'est extraordinaire, quand on y songe !

— Après avoir joué Judas, vous avez monté une petite troupe...

— Il y avait une section théâtre, au patronage, j'y ai donc participé. Puis, quand j'ai quitté Saint-Pierre-de-Chaillot, j'ai demandé à des amis et des neveux et nièces s'ils étaient d'accord pour monter quelque chose. Ils ont répondu oui et cela a continué jusqu'à ce que je sois nommé évêque de Pontoise. Sont entrés dans l'aventure d'abord des gens du patronage, ensuite des lycées où j'ai été aumônier, de Créteil et même du séminaire d'Issy-les-Moulineaux. Et s'il n'y en a pas eu de Saint-Philippe-du-Roule, ma dernière paroisse, c'est tout simplement que je n'ai pas eu le temps... Nous avons joué Molière, Goldoni, Anouilh, Jules Romains... et même Agatha Christie. La réalité d'une troupe, d'une compagnie est superbe : c'est un esprit, une entreprise, un désir, des peurs, un trac partagés. J'aime bien penser aux Douze comme à une troupe.

L'idée était de jouer une fois par an, pendant une semaine. On donnait le bénéfice à une petite association que cela pouvait aider. Par exemple, des gens qui visitent les enfants dans les hôpitaux ou les personnes en prison...

— Depuis que vous êtes évêque, vous allez encore au théâtre ?

— J'y suis allé à plusieurs reprises, notamment parce qu'il y a des gens du Val-d'Oise qui en font, comme comédiens, metteurs en scène ou auteurs. À Paris, j'ai vu *Marie la Passante*, de Pierre-Marie Beaude, une pièce qui met en scène Marie Madeleine. À travers son personnage, se devine la présence d'un autre qu'elle a rencontré... C'est fascinant. À l'Isle-Adam, un metteur en scène professionnel travaille avec les paroissiens sur Marthe et Marie, en partant de l'idée, réfutée par les exégètes mais évoquée par les Pères de l'Église, que la sœur de Marthe et Marie Madeleine sont la même personne. J'ai trouvé ça très beau.

— Ne me dites pas que vous n'allez voir que du théâtre chrétien ?

— Pas du tout. J'ai assisté à la représentation de *L'homme du hasard*, avec Noiret et ma cousine, Catherine Rich. Et puis j'ai vu, à Herblay – c'était très fort, très puissant –, *Roberto Zucco*. J'ai trouvé formidable cette pièce de Bernard-Marie Koltès. Il y avait plein de jeunes dans la salle. Tout ça en quatre mois. En fait, je me passionne pour toute forme d'expression ou de représentation de ce qui nous habite, les sentiments, l'indicible...

Je lis beaucoup, j'achète des livres – ça finit d'ailleurs par prendre de la place et rendre les déménagements plus difficiles. Je me suis offert le dernier livre de Semprun et celui de Jean-Paul Kauffman, parce que « la lutte avec l'ange », ça me concerne. Je suis curieux de choses très différentes. J'ai aussi acheté dernièrement un petit ouvrage de la collection « Découverte » sur le verre... Il ne s'agit pas d'accumuler des connaissances : la culture, ce n'est pas cela. D'ailleurs je m'aperçois que je sais fort peu de choses. Non, la culture, c'est ce qui augmente ma sympathie pour l'homme.

Lorsque je commence à connaître quelqu'un, que je suis ému par certaines des réalités profondes qui l'habitent – aussi bien une blessure, qu'un rêve ou un désir –, un monde s'ouvre et j'ai envie, s'il y consent, de devenir ami. En rencontrant un créateur, c'est pareil : on entre dans son univers, on voudrait connaître ses autres livres, ses autres œuvres, pousser plus loin. C'est comme cela, par exemple, que j'ai lu beaucoup de livres de Sollers, pour cette articulation, avec plus qu'un brin de provocation, entre le sensuel et le spirituel, avec un mélange de superficialité et de gravité, de sérieux et d'entrain. Il faudrait encore évoquer, parmi les contemporains, Bauchau, Kundera, Jules Roy, Grosjean, Sulivan, Vigée, Jaccottet, Singer...

De tout ce domaine de la culture, je dirais volontiers en reprenant l'expression de Jacques Brel que « c'est mon Amérique à moi ».

— *Vous notiez tout à l'heure l'écart qu'il y avait avec l'Église...*

— Je me suis interrogé sur la peinture contemporaine, parce qu'on entend souvent dire que c'est du charlatanisme. Sans doute devons-nous laisser à chacun le droit de dire simplement « J'aime » ou « Je n'aime pas ». Mais représenter l'invisible, rendre présent ce qui ne se voit pas, ce qu'on porte en nous, ce n'est pas reproduire l'apparence immédiate de la réalité, mais son fond même, la réalité de la réalité, le cœur, cette respiration qu'entend saint Jean lorsqu'il pose sa tête sur la poitrine du Christ. On parle d'art abstrait, mais je crois que le terme est mauvais, cette profondeur n'est pas une abstraction. Il y a certes une composition, mais si on appelle cela de l'art abstrait, la musique aussi est abstraite...

Manessier, après avoir entendu le *Salve Regina*, après l'office de complies, dans un monastère trappiste, avait voulu exprimer par un tableau ce moment de communion et d'émotion qu'il avait ressenti avec une telle intensité. Il a commencé par peindre des moines chantant dans la pénombre, avec la Vierge éclairée, mais le résultat ne correspondait pas du tout à ce qu'il avait éprouvé, alors il a rendu cette émotion en faisant une toile qu'on dit abstraite... De la même façon, certains visages torturés ou cassés de Picasso me touchent profondément. Bien sûr, il y a cette dislocation de l'homme, mais justement Picasso exprime des choses très fortes sur ce que nous portons en nous-mêmes. Matisse en quelques traits dit beaucoup, et Cézanne... Et on sent chez ces peintres que, lorsque la toile est finie, cet accomplissement, ce terme est encore un commencement. Une naissance. Ne dit-on pas qu'on arrive à terme ? Cela veut dire qu'on naît, et non pas qu'on termine !

Mais il y a plus encore. À travers les différentes formes d'art, nous rejoignons ce qui est écrit dans la Genèse. L'homme – l'ai-je assez dit ? – est à l'image et pour la ressemblance de Dieu. Avec tous ces mots, ces musiques, ces peintures, ces sculptures, ces compositions multiples, l'homme cherche à qui il ressemble profondément. Il cherche à la fois l'autoportrait et la « ressemblance », un visage unique mais un visage en relation, qui regarde et qui est regardé, qui s'offre et qui est reçu, un visage de communion. Malraux l'avait bien senti, lui qui établissait des correspondances entre des œuvres d'époques tout à fait éloignées les unes des autres. « À la petite plume de Klee, au bleu des raisins de Braque, répond, écrivait-il, du fond des empires, le chuchotement des statues qui chantaient avec le lever du soleil. »

Voilà pourquoi la recherche de la culture – avec la démarche qu'elle suppose, l'insatisfaction permanente qui pousse à remettre constamment le travail sur le métier pour, tant bien que mal, exprimer l'homme – nous émeut et nous touche tous. À travers la voix, la matière, les sons, les couleurs, à travers des choses très sensuelles et en même temps dérisoires, l'art nous parle de cet impalpable, de cet invisible infini que nous portons en nous, inépuisable. Le plus fragile exprime le plus éternel. Le plus éphémère, le plus permanent.

— *Dans ce sens, l'art ne peut jamais avoir pour but d'être « convenable ».*

— Effectivement, il est perturbateur, impertinent –, poignant comme certains poèmes de Baudelaire.

— *Violent comme le théâtre de Koltès ?*

— Parfois, oui, au sens où le Christ dit que le Royaume est pris d'assaut par les violents. Je ne veux pas dire fanatique, mais de cette violence de l'homme blessé au plus profond de lui-même. Quelquefois aussi, c'est la violence de la beauté. Ça coupe le souffle, et en même temps ça le redonne.

— *Les artistes peuvent-ils tout se permettre ?*

— Je ne le pense pas, mais je ne sais pas qui peut le leur dire ? Pas moi. Un artiste, c'est forcément quelqu'un de très sensible qui va essayer d'exprimer des choses pas très faciles à dire. Il ne va pas commencer par se censurer. Mais il perçoit aussi, sans doute, à un certain moment, qu'il ne peut pas rendre compte d'une blessure en la ravivant, en l'élargissant. Tout peut être dit, mais avec un infini respect, une infinie tendresse pour le plus meurtri.

N'empêche que le bombardement de Guernica était insupportable, il fallait bien pousser un coup de gueule, ce qu'a fait Picasso. Et Goya, et Rembrandt ! *Le bœuf écorché* est violent aussi, mais c'est encore l'homme...

Le « petit » peut le comprendre. Ce n'est pas une violence gratuite qui aurait sa fin en elle-même... Cela veut dire : « Regardez, l'homme peut perdre son âme ! » Il faut trouver le moyen de le faire entendre, et ça ne sera jamais entendu dans une table ronde où l'on pense au repas que l'on fera ensuite !

Et puis, l'Histoire sainte, comme on dit, n'est pas non plus une histoire d'enfants de chœur. Toutes les « hommeries » possibles sont là et Dieu n'a pas été dégoûté de l'homme. Qu'il y ait eu un seul être au monde à vouloir se faire homme, et que ce fût Dieu, c'est étonnant... Il y a tellement de gens qui veulent être des dieux, tandis que le seul vrai Dieu veut se faire homme ! Parce qu'il veut, dès le commencement, que l'homme soit celui qui rende Dieu visible. Dieu, personne ne l'a jamais vu, mais c'est le visage humain qui le manifeste. Voilà qui justifie toutes les recherches culturelles, non ?

Certes, la manière dont on cherche cet invisible présent en nous est parfois surprenante. Dans cette démarche, les artistes vont parfois très loin pour chercher l'homme, comme s'ils étaient habités par une terrible crainte qu'il ne se perde, qu'il disparaisse. Cela devrait nous rappeler la parole du Christ : « Afin qu'aucun ne se perde ! » Que l'homme ne perde pas son âme, ni le sens de sa vocation ! C'est immense un homme, puisque c'est à l'image du plus grand, et il ne faut pas que cela se perde. C'est infime aussi, un homme, dans un monde qui peut connaître des rouages terribles et implacables. Il est nécessaire parfois que des grains de sable enrayent ces machineries : les artistes en sont, et j'aime bien cela. Thérèse de Lisieux se comparait aussi à un grain de sable...

— *Vous avez prononcé le nom de Malraux. En vous écoutant, j'entends chez vous une certaine familiarité avec lui.*

— Oui, cela peut paraître ridicule ou extravagant, mais c'est presque un intime. J'entends encore sa voix qui se mêlait au vent dans le micro : « Entre ici, Jean Moulin... » J'étais au séminaire. Depuis longtemps, son écriture, ses interrogations, ses transpositions permanentes, ses ruptures de ton, ses fulgurances me parlaient. Je n'ai pas l'intention de le baptiser, lui qui se présentait comme agnostique, mais on sent bien que sa quête était spirituelle. Sa volonté permanente d'établir des correspondances à travers la peinture, l'art – « la monnaie de l'absolu », comme il disait –, ses dialogues dont on dit qu'il les a inventés, qu'ils n'ont pas existé – mais qu'est-ce qu'on sait de la vérité des dialogues intérieurs, qui sont au-delà des mots ? –, tout cela me touche profondément.

Cet homme que l'on décrit comme un trublion et un dandy est un de ceux qui m'ont parlé de la façon la plus personnelle et la plus bouleversante du Christ. Il s'interrogeait : pourquoi les disciples du Ressuscité ne semblent-ils pas croire en la force de la Résurrection ? Il avait l'intuition que c'était la réalité fondamentale, une réalité transfiguratrice, une réalité de métamorphose. C'est sans doute un des êtres qui a le mieux parlé de la communion qui est le véritable nom de Dieu, Père, Fils et Esprit. Il a, dans un de ses livres, des mots étonnants sur Dieu qui est amour et sur cette force de transfiguration de l'amour, « telle qu'en nous-même enfin l'éternité nous change ». C'est peut-être lié à la lecture qu'il a faite de l'Évangile de Jean, une nuit qui devait être la dernière puisqu'il s'attendait à être exécuté le lendemain. Cette lecture l'a profondément ancré dans la contemplation. Il a pu écrire : « La Révélation tient en ces trois mots fulgurants : DIEU EST AMOUR. Mais cet amour n'est pas l'amour humain. Il participe au mystère même de l'Éternel. La Révélation n'apporte pas l'élucidation de ce mystère, mais la communion avec lui... » Extraordinaire, non ?

N'a-t-il pas cherché toute sa vie, à travers toutes ses contradictions, à travers tous ces portraits qu'il nous a présentés, ce Visage dont il a peut-être senti un jour qu'il le regardait ? Il me fait penser au jeune homme riche de l'Évangile. A-t-il perçu ce regard sur lui, ce regard autre qui ne le dévisageait pas, mais qui l'envisageait, qui le transfigurait déjà, tel qu'il était lui-même en vérité, tel qu'il se cherchait et puis... ? Je ne peux pas en dire davantage, je ne peux pas me prononcer sur la fin, mais peut-être qu'il n'y a pas cru et qu'il est parti un peu triste. Pourtant, il me semble que cette tristesse il l'a gardée comme une recherche, et cette recherche m'a toujours rejoint. Sans cesse, quand il parle de l'art, je l'entends me parler de l'homme et du Christ.

7

En prison, j'ai appris à espérer tout, pour tous

— Si Créteil était déroutant pour le Parisien, fils de bonne famille, que vous étiez, vous étiez passé, auparavant, par un lieu bien plus inattendu dans le parcours d'un jeune prêtre, qui plus est vicaire de la très respectable paroisse de Saint-Pierre-de-Chaillot à Paris, puisque vous avez séjourné trois semaines en prison...

— Après mon ordination en 1971, Mgr Frossard, qui veillait pour le diocèse de Paris sur les nominations des prêtres, m'avait demandé où je souhaitais aller. Je n'avais aucune idée précise en tête. Comme il insistait, je lui avais répondu : « N'importe où, mais plutôt pas dans une paroisse du genre de Saint-Pierre-de-Chaillot. » Parce que s'y trouvait un curé, le P. Pieplu, prêtre missionnaire et passionné, c'est là que j'ai été nommé. Je ne l'ai d'ailleurs jamais regretté. Lui et bien d'autres avec lui et après lui ont réuni, en ce lieu, pour moi, la joie de la communion et de la mission.

Mais contrairement à ce que vous imaginez, j'ai aussi rencontré dans le XVIe de quoi être surpris. On m'a demandé de m'occuper de la Nicolaïte, le patronage dont le nom vient de l'abbé Nicolas, son fondateur. Se rassemblaient là des jeunes d'un peu partout, pour le foot, la gym – nous étions très forts ! –, le foyer, les disques, le théâtre... Le premier jour où je suis arrivé à la « Nico », rue du Bouquet-de-Longchamp, j'ai trouvé devant la grille un type taillé comme une armoire à glace, qui visiblement bloquait l'entrée. J'ai demandé si je pouvais entrer. « Qui t'es ? » m'a-t-il répondu en me regardant de coin. J'ai expliqué que je venais d'être ordonné prêtre et qu'on m'envoyait ici. « Ah bon, t'es curé ? » Ce n'était pas le moment d'entrer dans les détails des appellations, alors j'ai dit : « Oui, c'est à peu près ça. » « On s'en fout ! » rétorqua-t-il. « Mais je peux entrer quand même ? » « Oui, oui, on verra ce que t'as dans le ventre. » Vous voyez, ça commençait bien. Je me suis dit, et je ne l'ai pas oublié, que « curé », ça ne faisait pas une carte de visite et qu'il fallait faire ses preuves.

Je me suis beaucoup attaché à ces jeunes. À la longue, ils se livraient et j'ai découvert des vies chaotiques, difficiles. À la « Nico », ils trouvaient une famille, ils pouvaient reprendre confiance. Ce n'était pas une annonce très explicite de la foi, et parfois je me suis demandé si j'étais devenu prêtre pour arbitrer des matchs de foot. Mais, en fait, nous avons réalisé plein de choses et donné corps à des rêves, avec des camps, des spectacles, des colos, des voyages, découvert la vie.

C'est comme cela que nous sommes allés en Israël et en Iran. En Israël, parce que je connaissais, puisque j'y avais fait mon service en coopération. En Iran, parce qu'un des garçons d'une des équipes de foot de la « Nico » était né là-bas – son père y travaillait à l'époque – et avait envie d'y retourner. Il en a parlé à un moment où l'on évoquait une destination de voyage. Tout le monde a trouvé l'idée bonne et nous nous sommes lancés dans la préparation, notamment pour assurer le financement...

— *C'était en quelle année ?*

— En 1977. Nous étions une vingtaine, dont trois animateurs, si je me souviens bien. Les jeunes avaient entre seize et vingt-trois ans. J'étais le seul prêtre. Nous avons pris l'avion jusqu'à Istanbul où nous avons passé la nuit avant de prendre le car. À la frontière iranienne, les douaniers nous ont demandé un bakchich. Nous avons casqué sans trop discuter.

Le séjour se passe très bien. C'est un autre monde, enchanteur parfois, déconcertant à d'autres moments, mais toujours impressionnant. Puis, il faut rentrer : nous reprenons la direction de la Turquie. Et, à la frontière, nous sommes bloqués. Il y a, paraît-il, des problèmes avec les papiers de tel ou tel, il manque des tampons, nous devons faire demi-tour pour régulariser tout ça. La journée se passe à discuter et je finis par comprendre que tout s'arrangerait avec 500 F. Un peu bêtement, peut-être, je me suis entêté : pas question de donner cette somme. D'ailleurs il nous restait fort peu d'argent pour terminer notre voyage avant de prendre l'avion. Finalement, les douaniers nous annoncent que tout va bien avec les passeports et nous font passer. Sauf un jeune qu'ils retiennent. « Allez-y ! » me font-ils signe. Bien entendu, je reste pour l'attendre. Tous les autres étaient en Turquie et nous en Iran. Au bout d'une heure, on nous a fait monter tous les deux dans une voiture pour nous emmener en prison, à une trentaine de kilomètres de là.

— *Et les autres ?*

— Ils sont restés sur place deux ou trois jours, passant la nuit à la belle étoile, en espérant toujours nous voir arriver. Mais comme ils avaient les billets d'avion, ils sont partis pour Istanbul afin de regagner la France. Ils ne savaient rien de ce qui nous était arrivé.

— *Comment était-elle cette prison ?*

— Il y avait une grande porte bleue, en fer. C'était une vaste cour, ceinturée par un couloir, avec un chemin de ronde en hauteur. Le couloir, c'était pour dormir. On a passé une première nuit, couchés par terre. Il y avait cent trente personnes. Ils avaient gardé nos sacs à dos et nos affaires. Il ne nous restait rien d'autre que nos vêtements. J'avais tout de même réussi à conserver mes lunettes, mais au début ils ne voulaient pas. Pas question non plus de prendre un livre... En plus, il était interdit de parler.

La première nuit s'est passée sans affolement. C'était un peu une aventure à la Tintin. On pouvait se dire que cela nous ferait des souvenirs. Le lendemain matin, les gardiens sont venus nous chercher et nous ont mis des menottes. Nous avons traversé la ville avec deux gardes armés d'un fusil-mitrailleur, pour aboutir dans un lieu où nous avons été interrogés. Façon de parler, puisque nous ne comprenions rien. C'était en farsi, la langue locale, si bien qu'au bout d'un moment nous nous sommes retrouvés dans un couloir pendant qu'ils faisaient les questions et les réponses. Quand ils nous ont demandé de signer cette « déclaration », j'ai refusé.

Cela n'a pas eu l'air de les troubler et ils nous ont amenés devant ce que j'ai supposé être un juge. En bredouillant un peu d'anglais, je lui ai demandé de prévenir notre ambassade et de nous donner un avocat. J'ai pensé qu'ils avaient compris, mais l'ambassade n'a jamais été informée, et l'avocat n'est jamais venu. On nous a ramenés en prison où nous avons commencé à nous installer, si j'ose dire, parce qu'il n'y avait vraiment rien à installer. Christophe, dont les parents vivaient en Allemagne, a trouvé quelques personnes avec qui échanger discrètement en allemand.

— Il tenait le choc ?

— Oui, sur le moment. Il avait dix-sept ans et je pense qu'en raison de sa jeunesse il bénéficiait d'un peu plus de tolérance. Alors il parlait plus que moi, malgré l'interdiction. J'essayais de l'encourager, de lui dire que les choses prenaient une bonne tournure...

— Au retour de l'interrogatoire, comment envisagiez-vous la situation ?

— Je pensais que tout allait se terminer assez vite. J'étais surtout attristé parce que je devais célébrer un mariage en France et je ne voyais pas comment prévenir mes amis. Je me disais que, de toute façon, les Iraniens informeraient l'ambassade de France, que ma famille serait au courant et ferait des démarches. À leur retour, les autres ont expliqué que nous avions été bloqués à la frontière et qu'ils ne savaient pas ce que nous étions devenus. Tout le monde s'est mobilisé. Le cardinal Marty est intervenu, Mme Giscard d'Estaing, qu'une de mes sœurs avait connue en classe, également. Son mari était alors président de la République. L'ambassade a été alertée... Mais évidemment, je ne savais pas tout cela. Au début je ne m'en faisais pas trop, mais au bout de huit jours j'ai commencé à en avoir assez. Il n'y avait rien à faire : c'était terrible de ne pouvoir ni parler, ni lire, ni écrire. Et la Bible qui était dans mon sac à dos et qu'ils ne voulaient pas me donner...

— *Aviez-vous à manger à peu près correctement ?*

— Nous recevions l'équivalent d'un bol de riz pour la journée. Ceux qui avaient de l'argent pouvaient se procurer de la nourriture. Mais nous n'en avions pas, personne ne venait nous visiter... J'ai perdu dix kilos en trois semaines !

— *Et les conditions d'hygiène ?*

— Il y avait un robinet d'eau pour les cent trente personnes détenues. Chacun allait aux toilettes accompagné de deux gardes. Nous n'avons pas eu à subir de sévices particuliers, mais il se passait quand même de drôles de choses : de temps en temps, pour amuser les soldats qui surveillaient, les plus frêles des prisonniers devaient prendre les plus lourds sur leurs épaules et courir. Dans la journée, nous restions en plein soleil, à tuer le temps (c'était idiot, d'ailleurs, puisqu'on n'avait que ça, le temps !). La nuit, il y avait beaucoup de bruit parce que c'était le Ramadan. Les autres personnes détenues ne partageaient pas grand-chose avec nous, parce qu'à cette époque-là les Français avaient mauvaise presse en Iran – c'était la dernière année du régime du shah.

— Il y avait eu un simulacre d'instruction, donc. Mais un jugement a-t-il été prononcé ?

— Au bout d'une dizaine de jours, on nous a emmenés à ce qui m'a semblé être un tribunal. Pas d'avocat, évidemment. Et toujours la même impossibilité de comprendre de quoi nous étions accusés. Je n'ai même pas saisi tout de suite qu'il y avait eu un verdict. Je n'ai appris qu'après coup, heureusement d'ailleurs, que nous avions été condamnés à deux ans de détention. On nous a ramenés à la prison. J'avais l'impression de me trouver devant un mur lisse et infranchissable. Pourquoi rien ne venait-il de France ? Pourquoi n'y avait-il pas d'avocat ? J'en venais à me dire que, si cela continuait, je finirais par devenir fou. Notre vie était comme un film en arrêt sur image et dont on aurait coupé le son. Cela a été pour moi une expérience spirituelle terrible. Très forte, très marquante. Qui m'a conduit, bien plus tard, à me proposer comme aumônier de prison.

— À quoi pensiez-vous pendant ces interminables journées d'attente ?

— Cela faisait six ans que j'étais prêtre. Je me suis dit que le seul, dans cette histoire, qui savait qui j'étais et où j'en étais, c'était Jésus, le Christ. Dieu vivant. Il était ma relation à la vie. Il croyait en moi, il était là, même si, moi, je n'y comprenais plus rien. Cela m'a encouragé, soutenu. Et je ne l'ai jamais oublié : il y a des moments où l'homme vit parce qu'il sait que

Dieu croit en lui. Le psaume 138 a pris pour moi tout un sens : « Tu me scrutes et me connais, que je m'assoie ou me lève, tu le sais. » C'est le psaume que Sartre a beaucoup critiqué dans *Les mots,* en dénonçant Dieu comme un voyeur. Moi, j'y ai découvert que cette connaissance que Dieu a de nous est parfois le seul fil qui nous relie à demain parce que, Dieu mis à part, il y a des moments où plus personne ne nous connaît, où nous ne nous reconnaissons pas nous-mêmes.

Comme on me refusait la Bible, j'ai essayé de me souvenir de toutes les bribes de textes que je savais par cœur. J'ai fini par dénicher un petit bout de papier et un crayon. Je m'efforçais, intérieurement, de me réciter des passages de l'Écriture ou des poèmes et de les écrire. Il m'est arrivé de passer une journée à rechercher un mot dans une prière. Je me suis littéralement battu avec le *Souvenez-vous...* Je dis cela, parce que j'ai lu quelque part que François de Sales, alors qu'il traversait une grande période de découragement, vers ses vingt ans, avait repris pied grâce au *Souvenez-vous...*

J'ai eu la conviction que la mémoire, le « par cœur » tant décrié aujourd'hui, c'est aussi ce qui nous relie à la vie, ce qui relie un présent vide à hier et à demain. Quand on ne peut plus parler ni dialoguer, quand on ne sait plus pourquoi on est quelque part, quand tout nous échappe, quand rien n'a de sens, le « par cœur » c'est vraiment le fil de l'espérance.

— *De quoi vous êtes-vous souvenu ?*

— Surtout des épîtres de Paul. Peut-être parce qu'il avait connu la prison, je ne sais pas. Depuis ce temps-là, il est devenu pour moi un ami.

— *Paul, c'est votre sortie par le haut, mais concrètement comment avez-vous retrouvé la liberté ?*

— Un de mes beaux-frères, Benoît, avait fini par réussir à contacter quelqu'un de l'ambassade. Mais c'est un Iranien qui a ouvert la porte. Un jour, un juge est venu à la prison. Un petit juge qui avait un pied bot. Nous étions tous en rang le long du mur. Il passait devant nous en claudiquant, sans paraître très intéressé, mais il avait tout de même un vrai regard. Je me rappelle m'être dit qu'enfin, au bout de quinze jours, quelqu'un me regardait, alors que tout se passait comme si nous n'existions pas. Nous avons essayé, Christophe et moi, de lui demander ce que nous faisions là. J'ai cru comprendre que j'étais accusé d'avoir donné un coup de couteau au colonel qui commandait le poste de douane. J'ai réagi violemment, en m'écriant sur un ton de fureur que c'était un mensonge, qu'on ne cessait de mentir dans ce pays... Mais lui était passé.

J'avais entendu que nous avions été condamnés. Là, tout d'un coup, c'était l'horreur. Jusqu'alors, je me disais qu'il y aurait un véritable jugement, que nous pourrions nous expliquer. Soudain, il n'y avait plus de perspective. C'était le trou noir, le vide. Christophe était complètement anéanti – en plus, on nous avait complètement rasé la tête, or il avait de longs cheveux –, comme s'il avait alors été rattrapé, lui aussi, par ce sentiment de l'insaisissable, de l'impuissance. L'horizon était complètement bouché. Il faisait froid la nuit, il faisait chaud le jour, on se sentait sales... C'étaient les ténèbres.

Et puis un soir, à l'heure du coucher, le même juge est revenu. Il nous a condamnés à trois semaines de prison, puisque cela faisait trois semaines que nous étions là, et il nous a emmenés chez lui, à trois cents kilomètres de là. Il avait fait son enquête et s'était rendu compte que c'était une histoire totalement inventée, que ni Christophe ni moi n'avions jamais donné de coup de couteau.

— *Il parlait anglais ?*

— Un peu, et moi je baragouinais. Les langues, je vous l'ai dit, n'ont jamais été mon fort. Mais l'essentiel, un juste le comprend, et c'était un juste. Un petit bonhomme de rien. Cela non plus, je ne l'oublierai jamais : quelquefois, dans une situation où l'on ne pèse pas plus qu'un fétu de paille dans un torrent, il suffit d'un homme honnête qui fait son travail et n'a pas peur de prendre quelque risque pour débloquer les serrures, ouvrir les portes. Ensuite, nous avons été récupérés par l'ambassade. Mais qu'elle était bonne, cette première nuit de liberté chez le juge ! Nous couchions par terre et cela avait un goût de Paradis ! Tous les instants en apparence insignifiants de la vie quotidienne devenaient fastueux : préparer son lit, ouvrir un robinet, sortir dans la rue, sourire à quelqu'un... C'était comme si nous découvrions la vie. Je ne crois pas avoir connu de moments plus forts. Une renaissance. La vie la plus simple, celle de tous les jours, la vie banale, la vie qui va, se révélait splendide. Il y avait de quoi méditer : cette vie si formidable, pourquoi ne la remarquons-nous pas, d'habitude ? C'est d'ailleurs pour cela que j'ai voulu reprendre tout de suite mon ministère, à Saint-Pierre-de-Chaillot, pour retrouver l'ordinaire, si extraordinaire, des jours.

— Et Christophe ?

— Il est parti en Allemagne retrouver les siens. Cela avait été très dur pour lui. Il avait envie d'entendre la voix de ses parents. Ce n'est rien la voix, un souffle, mais c'est très important, c'est ce qui nous relie aux autres. Pouvoir parler à quelqu'un, c'est presque plus fort que le voir ou le toucher. Il a fait ensuite une sérieuse dépression, mais s'en est bien remis. Il est marié, il a une famille.

Sur le moment, il m'avait semblé vivre la situation mieux que moi. Mais après notre retour, il a eu du mal à donner un sens à ce que nous avions vécu. C'est bien compréhensible : en raison de son jeune âge, il n'avait ni la formation, ni l'expérience qui était la mienne, ni sans doute aussi la même mémoire. Je crois profondément que ce qui est en jeu, dans la mémoire, c'est bien plus l'avenir que le passé. La mémoire a partie liée avec l'espérance, elle ouvre vers ce qui vient. Elle est mémoire d'avenir. Le drame de ceux qui sont en prison, souvent, c'est qu'ils ne peuvent plus tendre vers l'avenir les fils de leur existence. Et sans cette tension, plus rien ne tient.

— *La prison, vous y êtes revenu vingt ans après, mais en France, comme aumônier. À cause de cette expérience iranienne...*

— Cela a beaucoup compté, bien sûr. Mais j'y avais pensé auparavant. À la fac, j'avais toujours eu la conviction que quelque chose n'allait pas dans le système carcéral. Je voulais y voir plus clair. Sur un plan plus spirituel, je réfléchissais alors dans les termes suivants : ou Dieu est présent en prison, ou il se tient en dehors, comme un visiteur. Mais dans le second cas, il est comme tout le monde, c'est-à-dire ni plus ni moins intéressant. Or Dieu est Dieu... En Iran, j'ai eu la certitude que Jésus, fils de Dieu, était présent en prison, qu'il était, passez-moi l'expression, en plein dedans. C'est ce que j'ai voulu partager, en me disant que ce qui avait été un moment difficile de ma vie pouvait être un atout pour accompagner ceux qui sont en prison.

À l'époque, j'étais professeur au séminaire. Lorsque j'ai été déchargé de mes responsabilités dans le scoutisme, j'ai réalisé que j'étais libre le dimanche, puisque les séminaristes étaient en paroisse ce jour-là. Je me suis dit que j'aimerais bien vivre le jour du Seigneur avec une communauté chrétienne. Alors pourquoi pas une communauté de chrétiens incarcérés ? Cela a donc commencé par la simple idée de célébrer la messe en prison. Le plus simple pour moi, c'était celle de la Santé, à Paris. Très vite, je me suis intégré à l'équipe d'aumônerie et je suis venu voir, plusieurs fois dans la semaine, les personnes détenues dans leurs cellules, puis j'ai rejoint l'équipe nationale des prisons, comme théologien.

— *Quelle est la première image qui vous vient à l'esprit à propos de la Santé ?*

— La cour dans laquelle on entre. Celle où Jacques Fesch a été exécuté. Chaque fois que j'y suis passé, j'y ai pensé. En fait, la première fois que je suis venu, le P. Loïc, qui était aumônier à l'époque, m'attendait à l'entrée, et il m'a dit : « Tu vois, cette cour, c'est là qu'il y avait les exécutions. La dernière, c'était celle de Jacques Fesch. » On a récité un *Je vous salue, Marie* ensemble. La première impression, c'est exactement celle-là, et elle est restée.

— Et pourquoi un « Je vous salue, Marie » ?

— Tout simplement à cause des derniers mots : « maintenant et à l'heure de notre mort ». Le P. Congar, dans un de ses livres, avait écrit qu'il y avait deux instants décisifs dans toute vie humaine : maintenant, et l'heure de notre mort. C'est à cela que j'ai pensé en entrant et je me suis dit que, pour Jacques, il y a eu un moment où le maintenant a été l'heure de sa mort. Peut-être y a-t-il pensé lui-même.

— Vous dites « Jacques », comme s'il y avait une certaine intimité entre vous et lui.

— Jacques, c'est aussi le prénom de mon père. En vous écoutant le prononcer, je me dis qu'il y a nos frères et sœurs et neveux et nièces de sang. Ils comptent beaucoup. Et puis, au cours du temps, il y a aussi ces frères et sœurs de sang de Jésus. Jacques Fesch est l'un d'eux. J'ai été très impressionné par son histoire, celle de sa conversion en prison, et cette façon qu'il a eue d'assumer le verdict qui avait été prononcé à son encontre. Cette condamnation qui tranchait une vie, au sens propre comme au sens figuré, il a su en faire véritablement un passage. La foi, pour lui, n'était pas une comédie en vue d'attendrir la justice, d'amoindrir le verdict. Il a vraiment assumé ce qui lui arrivait. Et je me suis dit que, si l'on ne voyait pas là l'œuvre de Dieu dans le cœur d'un homme, c'était vraiment difficile à expliquer.

— *La figure de Marie, ainsi convoquée dans la prison, est tout de même étonnante. On dit souvent que la dévotion mariale, c'est le côté mièvre du catholicisme.*

— Alors ça, non ! Pour moi, elle est tout le contraire. Nous, les hommes, souvent nous sommes lâches, nous avons peur, nous sommes prompts à avoir des réflexes de meute, tandis que la femme, dans les moments décisifs, sait prendre la défense de l'humain, indépendamment des camps, des idéologies et autres choses du genre. Il y a bien sûr la figure d'Antigone, celle de Jeanne d'Arc, mais aussi les femmes d'Irlande, d'Argentine, d'Algérie, d'Afghanistan, de Belgique, de Corse, d'Algérie – la liste n'est pas close –, capables de se dresser pour la paix, pour l'homme, là où l'on se bat les uns contre les autres. Elles viennent dire que ce n'est pas supportable. Au cours de l'histoire, elles se sont montrées beaucoup plus fortes que les hommes. L'Évangile le manifeste également : au pied de la croix, il n'y avait que des femmes, et Jean, un adolescent. Les hommes ? Ils avaient filé derrière les buissons. « D'une manière spécifique, écrit Jean-Paul II, l'humain est confié à la femme. »

Ne dites pas que Marie n'a pas sa place dans la cour de la Santé. Elle était là pour dire la vie. Parce que nul ne sait mieux ce qu'est la vie qu'une femme qui l'a portée, qui l'a laissée passer en elle. Connaissez-vous ce texte de France Quéré ? « Soudain, une tornade me submerge... L'abîme m'appelle de sa voix tonnante, la vie crie, une fantastique poussée m'emporte. Je suis l'énergie, je suis le feu, je suis le fleuve irrépressible. Va mon enfant, c'est toi qui montes au monde dans le tumulte majestueux de ta naissance ! » La vie a tout traversé, même la mort, même la blessure, même la honte, même l'infamie. La vie qui vient de Dieu.

— *C'est cette vie dont vous vouliez témoigner dans la prison ?*

— J'avais la conviction que les êtres qui se trouvaient en prison, même s'ils étaient défigurés, même si certains avaient commis des actes monstrueux, devaient pouvoir aussi reconnaître cette vie, et qu'elle devait pouvoir transparaître à travers eux. Ils ne pouvaient pas se réduire à une image de la mort, à ce qui en eux avait donné la mort ou l'avait manifestée. Parce qu'ils sont des êtres humains, des vivants, faits pour une vie beaucoup plus grande que ce que l'on voit. Pour moi, ce ministère en prison était un engagement de fond. J'y retrouvais tout ce qui m'anime.

— *Lorsque vous êtes entré dans la prison de la Santé, avez-vous pensé à ce que vous aviez vécu en Iran ?*

— À ce moment-là, non. Mais un peu plus tard, j'ai songé à la porte de la prison iranienne. Cette porte bleue, en fer. Je l'avais tellement regardée...

Dans les prisons de France, on confie aux aumôniers la clé des cellules. J'arrivais, je frappais à la porte avec cette clé, j'attendais que la personne me dise d'entrer, et j'ouvrais... et puis il faudrait repartir... La première fois, j'étais presque dans l'incapacité physique de refermer la cellule. Pourtant, il fallut le faire, sinon, pour l'aumônier, ce serait la faute la plus grave. Je me rappelle parfaitement que la personne détenue que je quittais m'a alors dit, de derrière la porte : « Écoute, il vaut mieux que tu refermes. » Cela m'a encouragé. J'ai vraiment senti qu'enfermer ce n'était pas mon métier. Et là, j'ai pensé à la porte bleue, en Iran...

— *Vous dites toujours « les personnes détenues », et pas simplement « les détenus »...*

— Je le fais intentionnellement. Je me refuse à dire simplement « le détenu » ou « le surveillant ». Si l'on dit « détenu-surveillant », il y a la porte et la serrure entre les deux, c'est infranchissable. La personne, c'est le trait d'union. D'ailleurs pourquoi ces gens sont-ils là, sinon parce qu'il y a eu dans leur vie des relations interpersonnelles qui se sont détériorées ? Et s'ils ont été jugés, c'est qu'ils ont été considérés comme des sujets de droit, c'est-à-dire des personnes. Si on ne se place pas du point de vue de la personne, si on n'en fait pas le dénominateur commun pour tous ceux qui y vivent ou y travaillent, la prison devient une cage.

— *Mais vous êtes venu d'abord pour les prisonniers.*

— Très honnêtement, oui, et c'est prioritaire. Mais j'ai aussi découvert qu'il fallait prêter une grande attention aux personnels qui travaillent dans les prisons et les considérer justement comme des personnes qui ont aussi le droit à notre disponibilité. Évidemment, ce n'est pas si facile, parce qu'à l'intérieur de la prison ils sont en service et n'ont guère de temps libre pour la rencontre. Mais j'ai souvent bénéficié de leurs remarques, de leurs conseils. Ils m'ont invité à aller voir tel ou tel parce qu'il n'allait pas bien et qu'il pouvait avoir besoin de parler...

D'ailleurs – certains en ont bien conscience –, ils ne sont pas que des gardiens. Étant donné qu'en droit français la peine a toujours pour but de favoriser la réinsertion, ils devraient être aussi des éducateurs, et cette mission-là devrait davantage être prise en compte dans leur formation. Il faudrait que tous ceux qui interviennent en prison puissent se sentir partenaires d'un même service qui est la réinsertion de la personne dans la communauté nationale, dans la société.

— Y aurait-il une phrase d'Évangile qui pourrait être le premier bagage de celui qui entre en prison pour visiter les détenus ?

— Peut-être celle que l'on ne trouve que dans l'Évangile de Marc, à propos du jeune homme riche : « Jésus le regarda et l'aima. » J'ai la conviction, avec des Pères de l'Église, que pour avoir noté cela Marc se désigne comme ce jeune homme : il faut avoir senti ce regard sur soi pour le remarquer. Ce regard-là ne voit pas simplement ce qui s'est passé, ce qui est immédiatement visible, il voit ce qui est prometteur, ce qui va venir, il voit le meilleur qui ne saute pas encore aux yeux. Notre regard fige trop souvent l'autre dans son passé, il jauge, il juge, tandis que celui du Christ ouvre à une promesse. Oui, j'ai pensé plus d'une fois à ce passage de l'Évangile, ou du moins à ce qu'il signifie, en frappant avec la clé sur la porte d'une cellule.

Celui que je rencontre là, même s'il n'est pas spontanément mon ami, est celui du Seigneur. Il y a en lui des possibilités inconnues de tous, y compris de lui-même, mais connues du Seigneur. En prison, je me suis souvent répété cette phrase : « Tout être humain est un peut-être. » La grande tentation, c'est de réduire un homme à un moment ou à un acte de son passé, c'est d'empêcher ce « peut-être ».

— *La prison française est l'objet de sérieuses critiques. Il y a eu le livre du docteur Vasseur à propos de la Santé, justement, puis les rapports parlementaires. Et vous, qu'en dites-vous ?*

— Mme Vasseur dit elle-même qu'elle a réuni dans son livre des choses qu'elle a découvertes au fil des années, pendant neuf ans. Il y a donc un effet de rapprochement de tout cela. Certaines situations n'existent plus. Mais de fait, à la Santé, il y a une atmosphère, des images très fortes de lieux vétustes, dégradés. La prison, ça sent... Comme disent les parlementaires, la France n'a pas de quoi être fière de la façon dont elle enferme des sujets de droit, qui sont jugés au nom du droit et des valeurs exprimées par la devise de notre République, « Liberté, égalité, fraternité ». La prison devrait, à cet égard, être exemplaire. Comment aider des personnes à revenir parmi nous, si la société, au moment où elle les juge et les condamne, ne donne pas l'exemple d'un lieu humain ? Un lieu et un temps pour se rendre compte du mal que l'on a fait et pour reprendre confiance en soi et en l'homme. Si l'univers carcéral favorise la délation, si l'on n'y trouve pas le respect de l'autre, y compris dans son corps, s'il y a là un système infantilisant ou abêtissant, comment les personnes détenues vont-elles redécouvrir le sens de leur dignité ?

Effectivement, il y a vraiment dans le système carcéral français des réalités objectives à revoir, à corriger, parce qu'elles ne permettent pas à la personne détenue de se situer dans une perspective. Or nul ne peut vivre sans être ouvert à son avenir. Aucun homme ne peut assumer son passé sans entrevoir un en-avant possible. Faute de quoi il devient extrêmement dangereux parce qu'il n'y a plus de place que pour les fauves ou les dégoûtés de la vie, la rage, la haine, le suicide... la logique infernale de la mort.

Notre société doit vraiment réfléchir, dans les termes d'un choix politique, sur les motifs de l'incarcération, parce qu'il y a des enfermements qui n'enferment pas simplement entre quatre murs, mais à l'intérieur de l'âme ou de la conscience. Je ne veux pas dire qu'il ne faut pas de prison : il existe des êtres dangereux dont la société doit être protégée et qui doivent aussi être protégés d'eux-mêmes. Mais nous devons tous être bien d'accord sur ce que nous attendons de la peine qui prive de liberté. Ce n'est pas la peine qui est l'objectif de la prison, mais le bien des personnes, de toutes les personnes.

Dans le droit français, j'insiste, la peine vise non seulement à empêcher de nuire, mais à permettre la réinsertion. Si c'est bien ce que nous voulons, nous devons nous interroger sur les peines dites de sûreté, sur les peines incompressibles qui ne peuvent pas favoriser psychologiquement une démarche volontaire de renouvellement, voire de soins, parce qu'elles arrêtent le temps, elles figent la durée, et que toutes les possibilités d'évolution semblent sinon interdites, du moins hors de portée.

Les peines incompressibles, qui ne satisfont que l'opinion publique, ne sont pas tenables. Ni pour ceux qui sont en prison, ni pour la famille. Souvent, elles coupent définitivement la personne détenue de sa famille, or cette dernière constitue, avec les proches, la plus forte planche de salut. À ce sujet, je suis de ceux qui souhaitent que les prisons, comme les hôpitaux, restent dans la ville. Les mettre à l'écart tient encore davantage les familles à distance et permet à tout le monde d'oublier que derrière les murs des personnes sont détenues.

Les grâces collectives, du style 14 Juillet, ne servent pas davantage la réinsertion, me semble-t-il. C'est une survivance arbitraire qui ne tient pas véritablement compte des personnes en cause. Ceux qui sortent ne sont pas préparés à leur retour dans la société. Cela favorise toutes les récidives, toutes les aggravations de la délinquance. Il n'y a pas, contrairement à la libération conditionnelle, de suivi judiciaire.

De même faut-il poser courageusement la question du casier judiciaire. Lorsqu'une personne détenue est libérée, aucun acte social ne signifie la réhabilitation de celui qui a accompli sa peine, alors que, à l'entrée en prison, il y a souvent publicité et dramatisation. La dissymétrie est totale entre les deux moments. Si bien que celui qui sort reste aux yeux de la société un ancien taulard, et le casier judiciaire est là pour le manifester. Le détenu libéré est sorti de prison, mais il ne s'en sort pas vraiment.

— *La société souhaite-t-elle vraiment réinsérer les délinquants ? Il me semble qu'elle se demande plutôt comment s'en débarrasser définitivement, parce qu'elle souhaite avant tout se protéger.*

— Hélas, il y a de cela. Mais alors, il faut que la société – c'est-à-dire nous tous – regarde ce problème en face. Si nous ne voulons pas permettre à un individu qui s'est mis en rupture avec la société de revenir parmi nous, il faut le dire, et bien se rendre compte alors de ce dont il s'agit : d'une peine de mort déguisée. Or la peine de mort a été abolie en France.

La réinsertion requiert le consentement : elle ne peut pas se faire malgré les gens, malgré la société. Il est tout de même invraisemblable, par exemple, que la détention préventive, qui concerne donc des personnes présumées innocentes, soit un régime plus sévère que la détention des condamnés. En préventive, on est enfermé du matin au soir, sans quitter sa cellule, sauf pour les promenades, alors que la porte de la cellule des condamnés est ouverte le matin, refermée le soir, qu'il y a des salles communes, ce qui favorise une certaine relation aux autres. Tant qu'on n'est pas jugé, en France, on est complètement isolé, il n'y a même pas la possibilité de téléphoner, ce qui n'est pas le cas aux Pays-Bas ou en Allemagne, par exemple. Que se passe-t-il si la famille ne vient pas vous voir, si elle vous laisse tomber – une visite revient en moyenne, en France, à 180 F, en comptant le prix du transport, et tout le monde ne peut pas payer ça régulièrement –, si l'avocat ne vient pas... ? La personne en attente d'être jugée se sent complètement dépendante des uns et des autres et des circonstances. Comment cela pourrait-il l'aider à assumer ses responsabilités, y compris à l'égard d'éventuelles victimes ?

Enfin, penser à la réinsertion, c'est aussi penser à tout le personnel qui travaille dans la prison. Lui aussi a intérêt à ce que les conditions d'incarcération soient dignes et humaines. La société, la nation doivent donc réfléchir à ce que cela veut dire, à ce que cela exige, aux moyens notamment financiers que nous nous donnons pour atteindre un tel objectif. Ce devrait être l'objet d'un vrai débat politique. Je sais que ce n'est pas facile, surtout en période électorale, mais n'est-ce pas la grandeur du débat démocratique, de poser les vraies questions ?

— *Mais, pour vouloir réinsérer, il faudrait que nous nous sentions responsables les uns des autres, y compris des coupables.*

— Rien de plus juste. Une société humaine, une civilisation, c'est une communauté dans l'espace et dans le temps. Qu'on le veuille ou non, nous sommes solidaires les uns des autres. Cette histoire est notre histoire, il n'y en a pas de rechange, il n'est pas possible de la réécrire. Si l'on refuse cette solidarité, en tout lieu de l'espace, en tout instant du temps, alors il faut considérer que certains ne font pas partie de l'humanité, et donc qu'ils sont des monstres. J'espère que personne, au fond, ne pense comme cela.

— *Je suis moins optimiste que vous.*

— Mais la monstruosité serait là, justement. Thérèse de Lisieux, avec le sens très fort de l'autre qui la caractérisait – et elle est tout de même Docteur de l'Église –, disait qu'entre elle et l'assassin Pranzini il n'y avait pas de différence fondamentale. Elle reconnaissait comme un don de Dieu le fait d'avoir pu être fidèle à l'amour. Il me paraît très difficile d'être un homme, de l'être vraiment, jusqu'au bout, coupé, isolé de tous les compagnons d'humanité.

Si parfois tel être fait horreur parce que l'acte qu'il a commis est abominable, il n'empêche qu'il demeure un homme. Sinon, qu'est-ce qu'il est ? Vais-je dire qu'il n'est pas un homme ? Mais s'il n'est pas un homme, un sujet de droit, au nom de quoi va-t-on le juger ? On ne peut pas à la fois juger quelqu'un et refuser de le reconnaître comme homme. Ou alors, on refuse toute règle de droit, toute responsabilité, et il ne reste, en définitive, que la loi du plus fort, la jungle. Comment, dans ces conditions, se dire civilisé ? La civilisation, c'est la reconnaissance de cette solidarité.

Cette solidarité s'étend dans le temps, parce qu'on ne peut ignorer ni d'où l'on vient ni où l'on va. Il faut la vivre ensemble. Les générations se succèdent en assumant un dynamisme historique. Elles se l'approprient et l'enrichissent, ou du moins le modifient. On ne part jamais de zéro. Croire qu'on peut faire table rase du passé est catastrophique, cela conduit à se dresser les uns contre les autres.

Mais cette solidarité se vit aussi dans l'espace, parce que la vie humaine est une relation, une communion entre des personnes différentes. L'hôpital n'est pas un blockhaus où on isole les malades. Les écoles ne sont pas non plus des îlots d'instruction. Si certaines personnes sont détenues en prison, elles ne doivent pas être complètement coupées de la société. Si nous voulons que les malades, les élèves, les détenus soient des personnes, ils doivent être en relation avec les autres et non pas isolés de la société, confiés à des institutions auprès desquelles on se débarrasserait de nos responsabilités à leur égard.

Il n'est pas besoin d'être chrétien pour reconnaître cette solidarité. Malraux en rendait très bien compte lorsqu'il établissait des correspondances entre tel portrait du Fayoum et une peinture d'aujourd'hui. Il reconnaissait l'unité, l'unicité, l'universalité de l'aventure humaine. C'est fondamental. Pour notre part, nous y reconnaissons la dynamique du Christ, l'Adam véritable, engagé dans l'histoire humaine depuis le commencement. La communion des saints, telle que l'envisage la foi chrétienne, n'est pas un club élitiste de gens retirés de l'histoire humaine. C'est tout le contraire, elle est la communion de ceux qui sont engagés comme intercesseurs, comme avocats de l'homme.

— *Que vous ont appris ces trois années d'aumônier de prison ?*

— Paradoxalement, une grande confiance en l'homme. J'ai trouvé, chez des hommes profondément abîmés, qui auraient pu devenir des épaves, des rebuts de la société, une capacité à renaître, à assumer ce qu'ils avaient vécu. C'est une capacité humaine, mais nombre d'entre eux l'accueillent aussi comme un don de Dieu. Elle est le signe de la découverte de Dieu dans leur vie, de leur rencontre avec ce regard, le seul sans doute qui ne les pétrifiait pas, qui ne les figeait pas, qui ne les épinglait pas comme un papillon dans une boîte avec un numéro.

Je suis convaincu aujourd'hui, par expérience, que le pire n'est jamais sûr. Cela peut paraître naïf de s'exprimer ainsi, mais cela veut dire qu'il y a toujours de quoi espérer en l'homme. Même quand une vie se termine et que tout peut sembler désespéré... Nul ne sait jamais ce qui se passe dans le secret d'un cœur humain, au moment du grand rendez-vous... Ce qui est arrivé au bon larron, au côté du Christ crucifié, a dû se produire bien d'autres fois, sans que cela n'ait été écrit. Je comprends pourquoi l'Église, qui peut dire que quelqu'un est saint, qu'il connaît la lumière et le bonheur de Dieu, ne peut jamais dire que tel ou tel est en enfer, qu'il est damné. Elle ne cesse d'espérer contre toute espérance. Oui, en prison, j'ai appris à espérer tout, pour tous.

— *Dans tous les cas ?*

— Pour répondre en toute vérité, je dois dire que j'ai connu des zones de grande et particulière désespérance. J'ai été très frappé du presque constant déni de leurs actes par les pédophiles. Il est rarissime qu'ils reconnaissent le mal qu'ils ont fait. Ils disent presque toujours que c'était par amour, qu'il n'y avait pas de violation du consentement de l'autre... Ils n'arrivent pas, en général, à assumer ce qu'ils ont fait, et l'on reste sans prise, sans savoir quoi dire. Ils n'ont même pas les mots pour le regretter.

Il y a un enfant qui a été profondément blessé, qui mettra des années à s'en remettre et peut-être ne s'en remettra-t-il jamais vraiment, mais ils ne le reconnaissent pas. Il y a une enfance massacrée, et ils ne s'en rendent pas compte ! Je n'ai vu cela que dans cette sorte de crime. Mais malgré tout, ceux-là, j'ai envie de les confier au Seigneur en disant : « Toi, tu sais ce qui peut se passer dans son cœur, ce que pour l'instant, moi, je ne vois pas du tout. »

— *Vous avez évoqué la pédophilie. Dans un certain nombre de cas, des prêtres sont en cause, comment réagissez-vous ?*

— Je n'ai pas de mots pour dire la destruction de la confiance que cela doit provoquer chez des parents. C'est épouvantable ! Ils avaient confié ce qu'ils avaient de plus cher, de plus précieux à quelqu'un en qui ils avaient confiance, avec qui, souvent même, ils avaient des liens d'amitié. C'est un trou noir, un monde qui s'écroule. On ne doit pas être loin de la désespérance, du rugissement ou du mutisme... On ne prendra jamais toute la mesure de ce que cela doit provoquer dans le cœur des parents.

Mais en même temps, cet homme-là, fût-il prêtre, je ne vais pas le rejeter définitivement dans le néant. Dans la mémoire du Père, dans ma prière, il demeure un membre de la famille humaine. Je me demande, tout en sauvegardant les autres victimes possibles, tout en le sauvegardant de lui-même, ce qu'entre chrétiens nous pouvons faire pour que, le moment venu, si ce moment arrive, quand il sera sorti de prison, puisse être manifesté le retour de cet homme dans la communauté.

Je suis bien au-delà, vous le voyez, de la question de la dénonciation. Bien évidemment, un prêtre qui commet de tels actes doit se dénoncer. Mais je ne voudrais pas que cet homme disparaisse de la mémoire, qu'il soit rayé de l'espérance, de la charité, de la prière. Je ne veux pas non plus qu'on nie le caractère terrible de ce qu'il a commis : cette blessure ne sera pas réparée, mais en même temps je ne peux pas jeter cette personne-là dans le néant. Parce qu'il est possible qu'il prenne un jour conscience du caractère terrifiant de son crime et ne le supporte pas. Même si l'acte commis me révulse, je ne peux pas me résigner à la désespérance.

Il y a là quelque chose d'insondable, mais nous sommes tout de même les disciples de Celui qui veut que personne ne se perde, de Celui qui est allé jusqu'au scandale et à la folie de la croix pour nous supplier : vous qui croyez au Dieu vivant, croyez aussi en l'homme !

8

La prière de Dieu, lieu ultime de notre liberté

— *Une des dimensions essentielles de la foi, c'est la prière. Mais lorsque, comme les disciples, nous voulons « apprendre à prier », nous nous rendons compte que ce n'est pas une affaire de méthode. Qu'est-ce donc que prier ?*

— Vous avez raison, les méthodes ne suffisent pas. D'ailleurs, lorsque les apôtres demandent à Jésus « Apprends-nous à prier », leur apprend-il une prière ou ce qu'est la prière ? Je crois qu'il faut remonter en amont, bien avant le christianisme, vers ce pressentiment que l'homme a toujours eu et qu'il ne faut pas sous-estimer, nous sommes reliés à Dieu vivant, à sa puissance.

C'est étonnant, quand on y pense, parce que cette puissance-là n'a rien d'évident : on ne la voit pas, on ne l'entend pas, en tout cas pas à la manière des hommes. Alors comment imaginer qu'elle puisse s'intéresser à ma modeste histoire ? Comment penser qu'elle y peut quelque chose ? Or, dans toutes les civilisations, d'une manière ou d'une autre, l'homme s'est adressé à elle pour lui confier ce qui lui tenait le plus à cœur, ce qui le préoccupait, ce qui était de l'ordre de ses désirs, de ses tristesses, de ses joies ou de ses peurs. Comme si l'homme était habité par ce besoin viscéral.

Étymologiquement, prier, c'est demander. Cela non plus, nous ne devons pas le minimiser. Chez nous, chrétiens, parce que nous voudrions être désintéressés, on entend dire parfois qu'il faut d'abord rendre grâce, qu'il faut commencer par la louange qui serait plus belle. Mais je crois que prier, c'est d'abord demander, comme le dit saint Thomas d'Aquin. Prenez le « Notre Père », ce ne sont que des demandes.

Donc prier, c'est demander de l'essentiel, du vital à quelqu'un. Cela suppose d'imaginer qu'il peut nous le donner et que nous ne pensons pas pouvoir l'obtenir par nous-mêmes, par nos seules forces ou qualités. Cette conviction sur laquelle s'appuie la prière se retrouve dans toutes les religions, à toutes les époques.

La question se pose alors de savoir quel statut nous donnons à la demande. Force est de constater qu'elle n'a pas toujours bonne presse de nos jours. Demander, n'est-ce pas reconnaître qu'on a besoin d'un autre, qu'on ne se suffit pas à soi-même ? C'est admettre une certaine fragilité, une vulnérabilité par laquelle nous nous relions aux autres. Alors que, aujourd'hui, le summum de la réussite humaine est de n'avoir besoin de personne, de ne rien devoir aux autres, c'est de s'être fait soi-disant tout seul. C'est plus flatteur que de se rappeler qu'on doit quelque chose à quelqu'un. Si bien que demander peut paraître humiliant. Ce qui nous empêche de demander est aussi ce qui nous empêche de prier.

Nous pouvons avoir tendance à culpabiliser la demande. Non seulement c'est humiliant, mais encore cela serait égoïste. Voilà un bel exemple de notre penchant à remplacer la foi en Dieu par des valeurs morales. Demander ne paraît pas être une valeur positive...

Plus profondément, pour entrer dans une dimension proprement chrétienne, et même biblique, il me semble qu'il faut se tourner vers la première prière. Or on n'y pense presque jamais : la première prière qui soit, celle qui peut déclencher toutes les autres, c'est la demande de Dieu à notre égard. Le début de la prière, c'est Dieu qui nous demande, qui nous prie, éventuellement qui nous supplie. Mais, évidemment, cela fait voler en éclats notre idée de Dieu et de l'homme. Pourquoi Dieu devrait-il nous demander quoi que ce soit ? Comme si sa parole n'était complète que lorsque l'homme répond à sa demande... Eh bien, voilà qui fait partie de la prière :

écouter ce que Dieu nous demande et vouloir y répondre. Il nous donne un nom et demande que nous répondions à l'appel de ce nom.

— *C'est « Adam, où es-tu ? »*

— Oui, la demande gratuite de Dieu s'adresse à notre consentement. On peut très bien se cacher, comme Adam, ou fuir, comme Jonas. La Bible est pleine d'exemples de ce genre. Mais les prophètes sont des gens à qui Dieu a confié une part de son attente, de son dessein, de son désir. Ils ont entendu la prière de Dieu, ils y ont cru et ont répondu. Les commandements sont autant de prières de Dieu à notre égard, afin que nous puissions vivre en communion d'alliance avec lui et entre nous. La prière de Dieu, au fond, tient simplement en cela : « Veux-tu être mon ami ? Veux-tu partager mon secret ? »

J'ai déjà évoqué la scène du buisson ardent, lorsque Dieu demande à Moïse d'aller trouver Pharaon, transformant ainsi en prière, adressée à ceux qui croient en lui, le cri des hommes qu'il a entendu. Je pense aussi à cet échange entre Abraham et Dieu devant Sodome. Certes, c'est Abraham qui demande à Dieu s'il va détruire la ville dans le cas où s'y trouveraient encore cinquante, puis quarante, puis trente, puis vingt, puis dix justes... Mais, en écoutant bien le texte, on pressent qu'en vérité Dieu attend d'Abraham qu'il ne s'arrête pas là, qu'il aille plus loin. Mais Abraham n'ose pas, il n'entend pas la demande silencieuse de Dieu...

La révélation biblique est donc saisissante : Dieu se met en situation de prier l'homme. Je m'interroge parfois : n'avons-nous pas été créés pour exaucer la prière de Dieu, cette prière secrète de l'amour qui veut des interlocuteurs, des hommes et des femmes afin qu'ils partagent son bonheur et sa vie ? Le Christ en croix, c'est la prière intime et ultime de Dieu qui nous demande : « Veux-tu enfin m'appeler Père, reconnais-tu que je te donne tout ? Mon enfant, tout ce qui est à moi est à toi ! » Le Père, éternellement Père, se donne pleinement en son Fils, et le Fils consent librement à ce don dans l'Esprit. C'est une prière qui attend notre réponse. Dieu ne s'impose pas, mais il ne renoncera jamais à s'offrir à nous. Prier ainsi l'homme, telle est vraiment l'originalité du Dieu vivant. Voilà qui peut nourrir et orienter notre prière, parce que nous savons à qui nous nous adressons, à celui qui veut librement dépendre de nous, qui nous donne tout. Je ne vois d'ailleurs pas comment l'amour pourrait vouloir autre chose.

— Il y a tout de même un point délicat : comment reconnaît-on la prière de Dieu ? Comment la distinguer de nos rêves, de nos fantasmes ?

— Nous sommes tous habités par des rêves, des fantasmes, des désirs, des peurs. Mais on peut les étirer ou les dilater à l'extrême, on n'arrive pas à cette attente-là, qui est celle de Dieu. Tout être humain désire, d'une manière ou d'une autre, connaître Dieu, être face à lui, savoir si ce n'est qu'un mot, ou si c'est quelqu'un. La prière de Dieu répond à ce désir qui est en nous, elle le comble, mais de façon tellement inouïe qu'elle le creuse en même temps.

Cette prière, à la différence radicale de toutes les prières que les hommes s'adressent les uns aux autres, rejoint notre attente profonde d'une façon totalement inattendue et inespérée. Elle a quelque chose de proprement inimaginable. Si bien qu'elle suscite une résistance parce que, justement, elle est presque incroyable. Elle ne nous arrange pas spontanément, elle ne nous rassure pas. On repousse la demande de Dieu, en pensant qu'il peut s'agir d'une illusion. Tout cela me paraît bien normal : il faut opérer un discernement qui peut nécessiter un certain temps. Il est bon, souvent, d'en parler à d'autres.

La Bible n'ignore pas ces réticences. Moïse dit : « Qui suis-je pour aller trouver Pharaon ? », Jacob combat toute la nuit, Samuel va trouver Élie parce qu'il entend qu'on l'appelle, même Marie connaît un moment de trouble... Ce n'est que peu à peu que l'on découvre que cette demande est respectueuse de ce que nous sommes, qu'elle sollicite notre accord, qu'elle nous réjouit dans une mesure que nous ne connaissions pas. La prière de Dieu, au début, n'est donc pas évidente.

Nous ne l'accueillons pas nécessairement de but en blanc, en battant des mains et en chantant Alléluia. Il faut du temps. Mais pour ma part je reconnais Dieu au fait qu'il est Celui qui nous respecte jusqu'à l'incompréhensible, qu'il fait appel jusqu'à l'infini à notre liberté. Je ne connais personne d'autre que Dieu qui ait un tel respect pour l'homme. Je ne connais que Dieu pour se proposer ainsi. C'est vraiment le signe de l'amour, sa manière d'être. Nous pensons toujours savoir ce qu'est l'amour et nous ne cessons de découvrir jusqu'où il est capable d'aller.

Cette révélation nous fait connaître qui est Dieu, mais aussi ce qu'est l'homme à ses yeux : non seulement, ce qui est déjà grandiose, une créature intelligente et consciente, non seulement un serviteur, mais un ami, non seulement un ami, mais un fils !

— *La Bible évoque les réticences de l'homme mais aussi sa crainte face à Dieu.*

— Cette crainte vient du fait qu'il est le Tout Autre. Lui seul est Dieu. Il s'agit moins d'une peur que d'une prise de conscience de l'immensité de Dieu. Et la présence du Christ, parmi nous, nous éclaire. C'est toujours sous la forme d'une proposition que s'exprime le Ressuscité, et non pas en donnant des ordres ou en s'imposant, comme cela aurait été le cas si ce n'était qu'une histoire inventée par les hommes. À la fin de l'Évangile de Jean, comment s'adresse à Pierre Celui qui est tout de même le vainqueur de la mort ? Il lui demande : « Est-ce que tu m'aimes ? » Il ne lui dit pas : « Vois comme je t'aime », Il lui pose une question à laquelle personne d'autre que Pierre ne peut répondre. Je trouve là un trait essentiel de la prière : c'est une rencontre interpersonnelle.

Personne ne peut prier à ma place, personne ne peut m'obliger à prier, personne ne peut m'interdire de prier. On peut m'enfermer, m'enchaîner, me frapper, mais jamais on ne pourra m'empêcher de prier. C'est le lieu par excellence de la liberté, le lieu où personne ne peut mettre la main sur nous. C'est l'ultime refuge de l'homme. C'est son intime lieu de vérité. Je lâche prise, et Il me saisit !

Et que fait Pierre, face à la question de Jésus ? Il ne peut pas répondre seul. Il ne peut pas dire oui, puisque trois jours avant il a dit qu'il ne connaissait pas « cet homme ». Il ne peut pas davantage dire non, parce qu'il sent bien au fond de lui-même que ce ne serait pas vrai. Si bien qu'il confie sa réponse au Christ, cette réponse la plus personnelle, celle que nul autre ne peut prononcer, il lui dit : « Tu sais tout, tu sais que je t'aime. » Quelle magnifique prière de reconnaissance ! C'est cela aussi la prière, et nous sommes bien au-delà de la crainte.

Mais j'aimerais poursuivre avec le Ressuscité. Souvenez-vous du dialogue avec Marie Madeleine. Si l'on y prête attention, on s'aperçoit que le Christ lui adresse plusieurs demandes. La première : « Femme, pourquoi pleures-tu ? » Dans l'Évangile de Jean, Jésus ne dit ainsi « femme » qu'à cinq reprises. Deux fois en parlant à Marie, à Cana et lorsqu'elle est au pied de la croix, une fois à la Samaritaine, une fois à la femme adultère, enfin à Marie Madeleine. Toujours à des moments qui sont des impasses. À Cana, il n'y a plus de vin, au Golgotha, c'est la fin, la Samaritaine est complètement désorientée, la femme adultère est sur le point d'être lapidée, Marie Madeleine pleure près du tombeau vide... Et au creux de l'impasse, parce qu'on accueille Celui qui nous prie, s'ouvre un passage.

Puis Jésus appelle Marie Madeleine par son nom, et c'est la deuxième prière. La prière habituelle de Dieu à notre égard consiste à nous appeler par notre nom. C'est celle dont nous ne nous rendons pas compte tous les jours, bien que nous la pratiquions quotidiennement. Et c'est une prière tellement parlante que Marie Madeleine reconnaît Jésus. Non pas parce qu'il s'est présenté en disant : « Je suis le Ressuscité », mais parce qu'il a dit : « Marie... ». Parce que, le premier, il manifeste qu'il la connaît en vérité.

La troisième demande, « Ne me retiens pas ! », est liée à la quatrième : « Va trouver mes frères. » Et pas pour n'importe quoi, mais pour leur annoncer qu'il est ressuscité et qu'il monte vers le Père. Son Père,

Notre Père. Ses frères, nos frères. Il me semble que le dynamisme de la prière, son mouvement véritable, est là. Lorsque je me retrouve dans le secret de ma chambre pour prier, ce qui est en jeu c'est d'écouter la demande qui m'est adressée : qu'est-ce que le Seigneur me propose aujourd'hui, qu'est-ce qu'il me prie de reconnaître ?

— *Et le « Notre Père », que nous apprend-il ?*

— Il nous apprend ce que Dieu nous murmure. Il nous apprend d'abord à dire « Notre Père », à retrouver ce que Dieu nous demande depuis le premier jour. Il s'agit de le reconnaître comme Père, comme l'unique Père, et donc de nous découvrir, nous les humains, vraiment tous de sa famille, tous « de race divine ».

Que ton nom soit sanctifié : c'est-à-dire que le Nom de Dieu soit reconnu comme le nom au-dessus de tout nom, celui qui donne à chacun un nom, un nom d'enfant de Dieu.

Que ton règne vienne : ce règne infiniment autre que tous les royaumes de la terre. Le Royaume de Dieu et des hommes pour l'éternité.

Que ta volonté soit faite sur la terre comme au ciel : cette volonté, c'est qu'aucun ne se perde, c'est de nous confier les uns aux autres, y compris Caïn, le criminel...

C'est après avoir entendu cette prière fondamentale de Dieu que nous pouvons lui adresser nos demandes, en toute confiance et liberté, comme des enfants qui reconnaissent que tout leur est donné. Si bien que, ce que nous demandons, nous croyons en le demandant que le Père veut nous le donner.

— *N'y a-t-il pas un risque à ne considérer la prière que « pour nous » ?*

— En disant « Notre Père », nous nous reconnaissons frères et sœurs du Christ ressuscité. Nous prions donc les uns pour les autres, et avec les autres. Nous accueillons la volonté du Père à l'égard de tous, et c'est une prière qui nous engage.

Prenez la prière universelle, à la messe du dimanche. Il ne s'agit pas d'informer Dieu de ce qui ne va pas dans le monde, comme s'il n'avait pas la télévision ou la radio. Non, la prière d'intercession procède d'un double mouvement : elle évoque le cri des hommes, donnant ainsi une voix à ceux qui en sont privés, à ceux qui ne sont pas en état de prier, mais elle entend aussi la prière de Celui qui ne reste pas sourd au cri des hommes, la prière de Celui qui nous envoie comme des agneaux au milieu des loups, qui nous confie les Béatitudes pour être en son Nom, dans la mêlée et la cohue, véritablement frères universels.

Thérèse de Lisieux dit que la prière dilate le cœur. Ce n'est pas inoffensif, la prière : elle nous invite à partager le pain, à pardonner, à résister à la tentation de trouver d'autres solutions au problème du mal que celle de l'amour livré. C'est bien ce que nous disons dans le « Notre Père ».

— *Encore une fois vous parlez en théologien. Mais quel a été votre chemin pour découvrir la prière ? Comment est-elle entrée dans votre vie ?*

— Pour moi, ce chemin est indissociable de la lecture de l'Évangile et de la place étonnante qui y est faite aux simples humains. Dans toutes les rencontres évangéliques, Jésus pulvérise les images que je me faisais de Dieu. Quand j'étais enfant, Dieu m'impressionnait. Je me disais qu'il voyait tout. Quelqu'un m'avait expliqué – pas mes parents – que j'aurais beau être une petite fourmi sur un marbre noir, Dieu me verrait quand même. La petite fourmi n'osait plus avancer, elle était paralysée... Quel était donc ce Dieu qui me guettait, qui pouvait me tendre des pièges, qui savait déjà tout ce que je voulais lui dire ? Ou ce n'était qu'une vaste comédie, ou c'était terrifiant.

Pour moi, il y a vraiment eu Évangile, c'est-à-dire Bonne Nouvelle. J'ai découvert que Dieu ce n'était pas du tout cela, et pas simplement dans le Nouveau Testament. Je n'oppose pas l'Ancien et le Nouveau. Dès le premier Testament, Dieu, peu à peu, se révèle comme n'étant pas le Moloch qui réclame qu'on lui sacrifie les hommes, qui veut notre mort. Il se manifeste comme celui qui nous prie, qui nous appelle, qui nous propose sa Vie et son Bonheur.

Oui, la Parole de Dieu a été pour moi extrêmement importante. J'ai rencontré des hommes et des femmes qui me donnaient l'impression forte de vivre cette expérience. Des hommes et des femmes qui n'avaient pas une relation apeurée vis-à-vis de Dieu. Ils ne vivaient pas dans le village gaulois où l'on attend que le ciel nous tombe sur la tête. Ils ne pensaient pas à Dieu pour assurer le temps d'après la mort. Ils n'attendaient pas Dieu pour mourir tranquilles, mais ils l'accueillaient pour vivre pleinement.

Je pense à des gens qui, en apparence, n'avaient rien pour être heureux. Ils avaient reçu beaucoup de tuiles sur la tête, leur vie avait connu pas mal de trahisons, ils avaient été laissés sur le bas-côté de la route, mais, au bout du compte, je découvrais en eux non seulement ni amertume ni rancœur mais une paix rayonnante qui ne pouvait pas seulement venir d'eux, une paix qui n'était pas simplement du stoïcisme, une paix qui était un don. Cette paix, cette joie, ce rayonnement de pauvre, j'ai pensé qu'il trouvait sa source dans le fait qu'ils avaient accueilli quelqu'un dans leur vie. C'était pour moi la découverte de la prière et de Jésus.

— *Quel est votre plus ancien souvenir de prière ?*

— Je crois que c'est mon père, à genoux, au pied de son lit. Je me souviens également d'une dispute, un jour, avec mon petit frère. À bout d'arguments, j'avais dû lui dire quelque chose comme : « Si tu penses ça, c'est très mal, tu iras en enfer. » Et il m'avait répondu : « Je m'en fous ! » Je ne devais pas avoir plus de sept ou huit ans, et cela m'a laissé muet. J'ai retrouvé une voix, une voix personnelle, en priant pour demander à Dieu que mon frère ne se moque pas de l'enfer, mais qu'au contraire il ait envie du Ciel. Cela me semblait terrifiant de ne pas vouloir aller au Ciel, de ne pas vouloir voir Dieu.

C'était une authentique prière. On a moins de risque de se tromper de destinataire et de parole quand on prie vraiment pour ceux qu'on aime. D'ailleurs, il n'y a pas de bonne prière si l'on n'aime pas ceux pour qui l'on prie. Cette prière d'intercession pour ceux qu'on aime, l'enfant la comprend, la connaît, et c'est une de ses premières prières. Nous serons très étonnés lorsque nous découvrirons dans l'éternité – parce que nous y retrouverons toutes les prières faites par amour – qu'il y a beaucoup de vraies prières... pour les hamsters.

— Il y a aussi des prières pour soi, qui sont de vraies prières.

— Oui, mais on ne les découvre que plus tard, à l'adolescence, qui est un âge où l'on a le sentiment de n'être pas aimé, de n'intéresser personne, d'être incompris, de ne pas arriver à se faire entendre. Du coup, je suis sûr qu'il y a aussi beaucoup de vraies prières dans les journaux intimes, des prières qui ne sont pas que des retours sur soi pour se plaindre, qui ne versent pas dans une espèce de complaisance dans le malheur.

Il faudrait pouvoir parler de toutes ces choses simplement, notamment avec les jeunes, parce qu'ils mettent souvent dans leur relation à Dieu, et donc dans leur prière, des choses si hautes, si fortes, si belles qu'elles leur paraissent parfois hors de portée. Si bien qu'ils ne se rendent pas compte qu'ils se situent souvent, à partir de leurs questions personnelles, sur le vrai terrain de la prière. La difficulté, pour les adultes comme pour les jeunes, c'est que nous avons beaucoup de pudeur, et c'est bien normal car il s'agit d'un domaine qui ne supporte pas l'exhibition. On ne dit pas si facilement que cela comment on prie, ni même si on prie.

N'empêche que l'on peut tout confier à Celui qui nous confie tout. Il n'y a rien qu'il ne puisse entendre, même ce qui pourrait nous paraître un blasphème. C'est très important de le comprendre. Parfois, l'enfant ne s'aime pas, il aimerait être un autre – et c'est aussi vrai pour nous. Or demander d'être un autre n'est pas si éloigné de la prière, parce que la prière nous transforme. Il ne s'agit pas de devenir tout à fait un autre, mais de devenir pleinement soi-même. L'enfant sait très bien qu'il ne se réduit pas à l'image qu'il donne de lui, à un moment donné. Quand on le prend la main dans le pot de confiture et qu'il répond : « Ce n'est pas moi », il ne ment pas, il dit une vérité profonde, il dit que son identité n'est pas d'être un voleur de confiture, alors que nous sommes tentés de l'assimiler au geste que nous venons de surprendre et de l'y enfermer.

Cela aussi fait partie de la prière : reconnaître que je ne me limite pas à ce que les autres disent de moi, ou à ce que je suis aujourd'hui, reconnaître – c'est dans saint Paul – que je fais ce que je ne veux pas, et que je ne fais pas ce que je veux... Oui, il y a une vraie prière dans la reconnaissance d'une distance, d'un décalage.

— *Puisque nous parlons de la prière, nous ne pouvons pas oublier l'Eucharistie.*

— Surtout l'Eucharistie du dimanche. Nous sommes là, avec nos prières, nos mots, nos gestes, nos faims, nos soifs, nos lassitudes, nos habitudes, et il est là, le Ressuscité : Il prend tout, Il offre tout, Il remet tout, Il partage tout, Il donne tout. Le dimanche est son jour. Le jour du Seigneur, du premier né à la Vie neuve. Non pas un jour de fin de semaine, mais le premier jour. Le jour qui fait de chaque jour un nouveau départ, une aube nouvelle. Le jour où nous sommes mis debout, parce que la mort ne l'a pas gardé couché. Le jour de la Pâque hebdomadaire, qui donne tout son dynamisme à la semaine qui commence, qui fait jaillir les forces de la vie et de l'amour pour qu'elles irriguent toutes nos existences. Nous puisons ensemble à la source, pour devenir porteurs d'eau vive. Nous ne devrions pas être des habitués du dimanche mais des étonnés du dimanche !

— *Voir la pratique dominicale reculer doit vous remplir de perplexité.*

— Plutôt que de faire des reproches aux uns ou aux autres, je préfère avancer des propositions. J'aimerais que chaque dimanche nous ayons tous la possibilité de vivre vraiment cet événement unique. J'aimerais que nous nous aidions les uns les autres à y participer : en cherchant ceux qui ne peuvent se déplacer, en favorisant des rencontres avant et après la messe, en nous préparant ensemble à entendre et à accueillir l'Évangile, en prenant le temps de partager nos enthousiasmes, nos indignations, nos questions, nos réponses... Il est sans doute possible, si on s'encourage ainsi à se rassembler le dimanche, de trouver les idées et les bonnes volontés qui nous rendront beaucoup plus présents au Seigneur et aux autres, là où nous vivons. Il s'agit de savoir prendre le temps, comme pour les pèlerins d'Emmaüs, d'échanger et de laisser le Christ entrer dans notre conversation. Il sera plus facile, ensuite, de partager le pain.

— Je comprends que vous ne vouliez pas faire de reproches, mais, néanmoins, vous avez sûrement une analyse de ce qui s'est produit pour en arriver à cette désaffection du dimanche.

— Peut-être a-t-on fini par banaliser l'extraordinaire annonce : « Christ est ressuscité ! » Pourtant cela fait deux mille ans que nous participons à ce dynamisme de la Résurrection. L'au-delà ce n'est pas seulement après la mort, mais au cœur de la vie. Le dimanche, nous qui ne sommes pas meilleurs que les autres, nous puisons à pleines mains au trésor de Dieu pour les hommes, pour en vivre à plein cœur. Nous sommes rendus généreux et magnifiques. Pourquoi avons-nous tendance à l'oublier ? Pourquoi le dimanche est-il souvent devenu davantage le jour de ceci ou de cela que le jour du Seigneur ? Nous avons en cette matière des réactions et des comportements assez peu évangéliques. L'Église est née le dimanche, mais nous nous sommes un peu laissé conduire par l'esprit du monde.

— Cela n'est-il pas la conséquence d'une ritualisation qui a fini par faire perdre le sens du réel ? Nous éprouvons souvent, dans nos eucharisties, un sentiment de vide, de passivité, pour ne pas dire d'ennui.

— On pourrait aussi évoquer une déconnexion avec ce qui s'est passé, avec ce qui se passe toujours, réellement. Jésus est devenu un modèle respectable mais lointain. Comme il paraît vital de nous entraider, en célébrant l'eucharistie, à reconnaître que le Christ est vraiment présent, ici et maintenant ! Pour vivre le présent, chaque jour, en sa présence ! L'unique raison d'être de l'Église est de nous rendre participants à la victoire du Christ sur la mort, de faire que cette victoire de l'Unique soit une victoire universelle. La seule morale chrétienne, c'est de témoigner, dans notre vie, de la présence vivifiante du Ressuscité. C'est la vie nouvelle des enfants de Dieu.

La question est bien de savoir si c'est vraiment cette vie-là – cette vie qui nous a choisis – que nous choisissons, ou si nous lui préférons d'autres réalités en apparence plus vivantes. Si tout se passait bien, nous ne nous demanderions pas comment rendre nos messes plus vivantes, mais comment elles nous rendent vivants. Nous éprouverions l'Eucharistie comme l'action de Dieu, présence active qui ne dépend pas de notre agitation. Alors, nous découvririons une façon de célébrer signifiant que nous participons les uns et les autres, selon notre vocation, à une action qui n'est pas la nôtre mais celle de Dieu, Père, Fils et Esprit. Notre action serait non pas opposée mais enracinée dans l'adoration du Dieu vivant et vivifiant.

9

Dans le mystère d'Israël

— J'aimerais que nous terminions ces entretiens en évoquant la terre et le peuple d'Israël. D'abord parce que vous êtes allé là-bas, ensuite, parce que, après le XXe *siècle, la Shoah et Vatican II, la question de la permanence d'Israël est fondamentale pour tout catholique. À quelle occasion vous êtes-vous rendu en Israël ?*

— Je suis allé accomplir mon service national dans le cadre de la coopération, à Jaffa, dans un collège des frères des Écoles chrétiennes. Nous étions deux amis séminaristes. C'était en 1967-1968, donc notamment pendant la guerre des Six Jours, mais, avant de parler de la guerre, je dirais que c'est là que j'ai fait mes débuts de « metteur en scène ». On m'avait confié une classe de sixième un peu particulière, en m'expliquant que je n'avais pas à m'en faire pour les résultats, parce que les enfants étaient, pour la plupart, inaptes au système scolaire, très en retard. Il s'agissait davantage de les occuper utilement que d'assurer le suivi du programme. En fait, j'avais carte blanche. Je me suis dit que je n'allais pas passer deux ans à m'ennuyer à faire des cours qui n'intéresseraient personne, et finalement j'ai inventé des jeux ; j'ai divisé la classe en différents camps, chacun avait un concurrent et devait le défier en lui posant une question, un problème à résoudre. Bien entendu, je fournissais les éléments de base, mais ils avaient à construire la suite... Du coup certains venaient chercher des livres pour préparer les colles qu'ils soumettraient aux autres. Il y en avait même qui arrivaient dès 6 heures du matin pour ça. Ils y mettaient beaucoup d'énergie, d'imagination. Très vite, je n'ai plus eu à faire de discipline, ni même, à la limite, de cours. Ils s'étaient pris au jeu, et moi je veillais au bon déroulement des choses.

Finalement, ils ont beaucoup plus appris par eux-mêmes en s'amusant que je n'aurais pu le faire en leur « prenant la tête ». Je l'ai vérifié par la suite : préparer un cours apprend beaucoup plus que le « subir ». Bref, je leur ai permis de jouer au prof. Et, à la fin de l'année, cette classe « perdue d'avance » a eu d'excellents résultats. Une atmosphère de confiance et de jeu avait libéré en eux des sources vives.

C'était déjà étonnant. Mais j'ai été encore plus impressionné par leurs réactions après la guerre des Six

Jours. Il y avait des Arabes et des Juifs, tous étaient évidemment concernés par le conflit. Aucun d'eux n'était indemne, au moins dans sa famille. Les Arabes avaient perdu la face, en quelques heures, d'une façon inattendue. Pourtant, quelques jours avant, ils avaient l'air beaucoup plus forts, tellement ils étaient plus nombreux. Nous n'en menions pas large : n'allaient-ils pas tout détruire ? Nous entendions le canon tonner dans le lointain, et la première nuit nous avons tous dormi dans une salle de cours.

Quand les combats ont pris fin, les élèves ont respecté les peines des uns et des autres. Ils ont su sauvegarder leurs amitiés. Sans se concerter, sans se donner le mot, ces jeunes avaient trouvé entre eux des choses que les adultes continuent désespérément à chercher. Ni triomphalisme ni mépris amer... Ils ont fait en sorte de pouvoir continuer ensemble.

Cela m'a marqué d'autant plus que, lorsque je suis allé à Jérusalem, j'ai eu l'impression, à tort ou à raison, que les représentants des religions avaient eu le souci que la ville ne soit pas abîmée. On n'avait pas touché aux pierres, mais on avait déchiqueté les gens à l'arme blanche. Comme si l'essentiel, le lieu saint par excellence, à Jérusalem comme ailleurs, ce n'était pas l'être humain ! Et ça, c'était choquant.

Je suis revenu plus tard, avec les jeunes de la « Nico ». Comme je connaissais le pays, il était facile d'y organiser un camp, de trouver des lieux où dormir.

C'est là, à Jérusalem où j'accompagnais une des filles chez le dentiste, tandis que les autres se rendaient à Eilat, que j'ai trouvé, poste restante, une lettre nous apprenant qu'un de leurs copains, Yves, s'était noyé à Biscarosse. Nous les avons rejoints sur la plage, à Eilat, nous avons dîné ensemble et ensuite je leur ai annoncé la nouvelle. Ils étaient bouleversés, eux qui passaient pour des durs. Ils se mettaient à l'écart et ils pleuraient.

On n'a pas beaucoup dormi, cette nuit-là. Et le lendemain matin, l'idée est venue de bâtir un « gospel » sur le samedi saint, ce jour entre la mort et la vie. Ils ont tout inventé, la musique, les textes... Cela s'appelait « La mer à boire », et c'est là qu'ils m'ont fait jouer Judas. Après, nous avons fait une tournée de trois semaines avec ce spectacle, en Bretagne, sur les plages ou dans les églises, qui s'est achevée à Paris, à la Mutualité.

— *Mais au-delà de ces souvenirs personnels et de ces émotions, que représente pour vous cette terre de Palestine ?*

— À la fois la mémoire de tout, et l'espérance pour tous. Mémoire de tout, parce que c'est une terre de contradictions, une terre promise et conquise, terre de Dieu et des hommes, mais aussi des hommes contre des hommes, une terre sainte et profanée parce que le sang a coulé. Une terre de frères ennemis, véritablement frères, implacablement ennemis. Ils le savent et partagent finalement beaucoup de choses, y compris la passion pour cette terre et son histoire. Impossible de faire le tri de façon simple, de mettre le positif d'un côté, le négatif de l'autre. Tout est mélangé, et cela fait partie non seulement de l'aventure humaine, mais de l'histoire de l'Alliance dès le commencement. Donc je veux garder mémoire de tout, sans pourtant tout mettre sur le même plan, parce que je sais, parce que je crois de toute la foi de l'Église que, comme il est écrit, « le salut vient des juifs ». C'est notre enracinement. L'histoire ne plane pas au-dessus de ces réalités-là.

Avec le peuple juif, dans le cheminement du temps, nous avons appris l'éternel. Si nous méconnaissions ces racines, nous deviendrions un courant d'air. En ignorant ce qui a préparé l'Unique, nous ne serions plus ouverts à l'universel en Christ. Il est de ce peuple et de cette histoire. J'entends le psaume : « Ville où tout ensemble fait corps. » C'est le corps de l'humanité, et celui du Christ, crucifié hors les murs de Jérusalem.

Voilà pour la mémoire. Et en elle, nous accueillons l'espérance parce que, au creux même de ces contradictions, de ces divisions et de ces affrontements entre les enfants de Dieu, les dons de Dieu sont sans repentance. Le choix de Dieu demeure. La présence, la permanence d'Israël, ô combien étonnante après tout ce qui s'est passé, ne cesse de nous interroger. Plus encore, elle continue à nous rendre encore plus chrétiens. Nous n'allons évidemment pas retourner en arrière et nous faire circoncire, mais nous avons sans cesse à reconnaître que tout ce qui a fait et fait encore Israël est indissociable de la présence de Dieu dans l'histoire et aux hommes. Le fait que l'on se soit acharné contre Israël et ce qu'il représentait n'est pas séparable de nos refus de Dieu.

— *Vous voulez dire qu'on visait Dieu à travers Israël ?*

— Consciemment ou inconsciemment, oui. On visait au moins ce sens de l'histoire dont la permanence d'Israël porte l'interrogation constante. Mais cette présence n'est pas seulement liée à la terre de Palestine, elle est aussi plus intérieure.

Comment ne pas voir que c'est la prière d'Israël, celle que l'on attribue à David ou à Salomon, la prière des Psaumes, qui est au cœur de notre prière chrétienne ? Nous prions avec les mots mêmes d'Israël. Et les moines, ces « spécialistes de la prière », dont on pourrait imaginer qu'ils inventent leur prière, une prière inédite, même eux prient en reprenant sept fois par jour la prière d'Israël. Loin de nous avoir fait tourner la page, le Christ nous fait entrer pleinement dans l'épaisseur de tout cela. S'il éclaire le mystère d'Israël de sa présence, c'est pour le mettre en valeur et non pas pour le supprimer. D'ailleurs, dans la théologie de Paul, Israël demeure un signe pour nous. Le retour de l'homme vers Dieu, sur son chemin d'éternité et de bonheur, ne se fera pas malgré Israël, et encore moins sans Israël.

— On assiste dans l'Église aujourd'hui à des retrouvailles avec le judaïsme. Comment ne pas se souvenir de la démarche bouleversante de Jean-Paul II à Yad Vashem puis au mur du Temple ? Mais je me demande parfois si la recherche de ces racines juives du christianisme ne fait pas l'impasse sur l'Israël d'aujourd'hui. Si le salut vient des juifs, on ne peut pas ignorer qu'Israël est un « arbre vivant » au présent, non une racine morte.

— Vous avez raison, c'est un arbre vivant au présent. Mais cela ne doit pas signifier que nous abdiquons, comme chrétiens et tout simplement comme hommes, notre capacité de discernement. Tout ce qu'Israël représente de fondamental ne doit pas pour autant nous conduire à considérer que l'État d'Israël et sa politique aujourd'hui sont au-dessus de toute critique. À cet égard, nos sentiments doivent être ceux de n'importe quel citoyen face à n'importe quelle action politique.

— Il est vrai que, chaque fois que l'on parle d'Israël, on évoque plusieurs réalités à la fois. D'une part, l'Israël de la Bible et celui de l'histoire, d'autre part, l'État qui existe aujourd'hui en Palestine, et l'ensemble de la communauté juive contemporaine, diaspora comprise.

C'est également une communauté célébrante, mais aussi un peuple qui se reconnaît dans le nom d'Israël sans que tous en partagent la foi...

— Tout cela ne rend pas les choses faciles. D'autant que nous ne devons pas oublier le peuple palestinien qui légitimement nous touche, nous émeut. Il n'est pas question de le faire passer par pertes et profits, au nom de tout ce que nous venons de dire. Lui aussi, d'une certaine façon, en représente bien d'autres qui, tout au long de l'histoire, demandent reconnaissance et justice. Nous ne pouvons pas nous contenter de nous enfouir dans la profondeur des racines de notre foi, sans nous préoccuper de ce qui se passe aujourd'hui. Nous ne pouvons pas davantage prendre le large vers l'universel, c'est-à-dire regarder au-delà des racines, en oubliant ce qui nous a permis précisément d'aller plus loin.

La profondeur et le large sont inséparables. Le sens de l'enracinement avive notre goût du large. Et ce dernier nous provoque sans cesse à l'intériorité. Israël, avec tout ce qu'il signifie, nous invite à l'approfondissement et à l'élargissement. Nous devons tenir les deux ensemble. Cette position inconfortable n'est tenable qu'en Christ : en Lui la communion unifie tout. Cette position évoque pour moi l'aurore, le point exact mais indéfinissable d'intersection entre la nuit et le jour. Nous devons, pour être des disciples fidèles du Christ, veiller là, entre ces deux mondes, dans l'instant du matin de Pâques.

— *En faisant un instant abstraction des réalités politiques présentes, pourquoi est-il important pour nous que le peuple d'Israël continue à célébrer ce qu'il célèbre, avec ses doutes, ses questions, ses débats ?*

— La même présence le fait vivre et nous fait vivre, même si pour notre part nous accueillons cette présence sous le signe accompli de la Résurrection. Ce n'est ni une autre vie, ni une autre histoire. Lorsque je lis les Psaumes, par exemple, j'y retrouve de manière très concrète, charnelle, toute l'espérance qui est la mienne mais aussi toutes mes résistances à l'égard du Christ. Du même coup, cela me garde d'idéaliser, de penser qu'il me suffit de venir après Jésus et de me situer dans l'Église pour être pleinement chrétien. D'une certaine manière, la présence d'Israël nous aide à ne pas croire trop vite que nous sommes « christianisés », elle ouvre une brèche pour nous laisser rejoindre par le Christ.

Un autre aspect tient à la dimension très concrète du judaïsme et de sa pratique. Ce qui se vit sous le regard de Dieu, en sa présence, n'est pas une abstraction, un idéal ou une philosophie, alors que nous sommes souvent tentés de basculer de ce côté-là, même si la philosophie a toute sa raison d'être.

En outre, la présence permanente d'Israël nous évite de paganiser et d'idolâtrer. Parce que Israël, jusqu'au bout, c'est le refus de l'idole, alors que nous avons tôt fait, à partir de belles réalités, de glisser sur la pente.

Jésus, fils de David, Fils de Dieu, dénonce les idoles, à commencer par celle de l'argent. Même la Parole, pour Israël, n'est pas prise comme un bloc. Elle est toujours en débat, saisie dans sa complexité, dans ses résonances infinies.

Enfin, Israël est le peuple où le prophète tient une place essentielle. Il est l'annonceur de la vie, l'éveilleur, celui qui bouscule au nom du Seigneur, qui ne s'enferme pas dans des comportements strictement humains ou politiques, dont l'agir n'est affaire ni de circonstances, ni de convenances. Il est celui qui prend la parole parce que la Parole l'a saisi. Celui qui risque sa vie pour témoigner du Vivant qui fait vivre. Il n'y a rien de plus contemporain, rien de plus actuel, qu'un prophète. Il donne au présent temporel toute son actualité éternelle. En ce sens, je n'oublie pas la dimension prophétique d'Israël.

— *Nous avons donc besoin d'Israël, alors qu'il n'a pas besoin de nous...*

— Je n'exprimerai pas cela en termes de besoin. Je dirais que nous reconnaissons ce que les juifs sont pour Dieu et ce qu'ils sont pour nous. Quant à savoir s'ils reconnaissent ce que nous sommes, la réponse leur appartient. Je ne suis pas sûr que nous soyons si différents, mais il est vrai que ce n'est pas égal, que la relation n'est pas symétrique. Cela nous empêche de ronronner.

L'Évangile a été annoncé aux « nations », c'est-à-dire au-delà des limites d'Israël, mais nous voyons bien, dans la foi, tout ce qui nous vient de l'histoire et de l'expérience du peuple de Dieu. De ce point de vue, la figure de Paul est frappante. Il est l'apôtre qui n'a connu que le Ressuscité, envoyé vers les « Gentils », pharisien, totalement pharisien, citoyen romain, et totalement témoin du Christ pour toutes les nations. Encore une fois, nous voilà sortis, arrachés à tous les classements, à toutes les catégories. Renvoyés à ce goût du large que manifeste Israël et que nous recevons pleinement en Christ.

Israël ou toute notre aventure sous le signe de la Promesse. Jésus, fils de Marie, Fils de Dieu ou toute notre histoire à la lumière de l'amour éternel. Et j'entends Paul VI nous demander d'« habiter le présent comme des êtres venus de l'avenir ».

Ami(e)

Comme un homme ou une femme pousse la porte vitrée sur laquelle était écrit **ENTRÉE LIBRE**, tu es venu(e)...

Tu as regardé, feuilleté. Tu es passé(e), repassé(e) peut-être à certains endroits. Et maintenant tu t'apprêtes à repartir.

J'espère que nous nous sommes rencontrés.

Tu as constaté : « Vous ne vendez rien ! »

J'ai dit : « Ici tout est gratuit. »

Tu as demandé : « Pourquoi reste-t-il tant de choses ? »

Je t'ai répondu : « Plus on en prend, plus il en reste ! Si nous étions dix milliards à accueillir ce don, il serait dix milliards de fois offert ! »

Tu repasses la porte.

Puisse ton cœur être plus léger, puisque, comme l'écrivait notre frère Christophe de Tibhirine, te voilà ***chargé(e) d'enfance*** !

Hervé RENAUDIN

Table des matières

A été achevé d'imprimer
sur Variquik par l'Imprimerie Sagim
à Courtry en novembre 2001
pour le compte de Bayard Éditions

Composition – Mise en pages
DV Arts Graphiques à Chartres

Imprimé en France
Dépôt légal : octobre 2001
N° d'édition : 2296
N° d'impression : 5383